GÜTERSLOHER
VERLAGSHAUS

Gütersloher Verlagshaus. Dem Leben vertrauen

Ida Lamp
Karolin Küpper-Popp

Abschied nehmen am Totenbett

Rituale und Hilfen für die Praxis

Gütersloher Verlagshaus

Bibliografische Information Der Deutschen Bibliothek
Die Deutsche Bibliothek verzeichnet diese Publikation in der Deutschen Nationalbibliografie; detaillierte bibliografische Daten sind im Internet über http://dnb.ddb.de abrufbar.

FSC
Mix
Produktgruppe aus vorbildlich bewirtschafteten Wäldern, kontrollierten Herkünften und Recyclingholz oder -fasern
Zert.-Nr. SGS-COC-004278
www.fsc.org
© 1996 Forest Stewardship Council

Verlagsgruppe Random House
FSC-DEU-0100
Das für dieses Buch verwendete
FSC-zertifizierte Papier *Munken Premium*
liefert Arctic Paper Munkedals AB, Schweden.

2. Auflage, 2009

Umschlaggestaltung: Init GmbH, Bielefeld
Umschlagmotiv: © Bildagentur Waldhäusl
Satz: Katja Rediske, Landesbergen
Druck und Einband: Těšínská tiskárna, a.s., AG, Český Těšín
Printed in Czech Republic
ISBN 978-3-579-03191-0

www.gtvh.de

Inhalt

Einleitung

Abschied nehmen

Die Aussegnung ist in den christlichen Kirchen die klassische liturgische Form des Abschieds von einem Menschen, der verstorben ist. Dieses liturgische Geschehen der Verabschiedung findet statt am letzten Lebensort eines Menschen, der ihm zum Sterbeort geworden ist – also meist zu Hause, im Krankenhaus, im Altenheim oder auf der Straße. Mit einem Segen soll dem Sterbenden Geleit gegeben werden. Und wenn möglich, soll der Mensch aus seinen eigenen vier Wänden, aus seinem Sterbeort und aus dieser Situation, aus diesem Lebensabschnitt verabschiedet werden. Mit einem Segen sollen aber auch die Nahestehenden für ihren Weg des Abschieds bereitet werden.
Heute findet der Abschied – neben der klassischen Gestalt der Aussegnung – in vielfältiger Weise Gestalt, wie sie dem (sehr individuellen und oft säkular geprägten) Leben und Erleben von Menschen in unserer Zeit entspricht.

Nicht alle Menschen können zu Hause sterben, obwohl sich das wohl die meisten wünschen. Eine große Zahl stirbt im Krankenhaus, in einem Alten- oder Pflegeheim, einer Einrichtung für Menschen mit psychischen, geistigen oder körperlichen Behinderungen. Viele dieser Einrichtungen bemühen sich um eine neue »Sterbekultur«, eine »Abschiedskultur«. Das hat z. B. dazu geführt, dass sie dem Abschied aus dem Lebensraum feste Gestalt gegeben haben. Sie entwickeln Standards (also gemeinsam erarbeitete Vereinbarungen, an die sich alle Mitarbeitenden halten sollen) für den Umgang mit dem Verstorbenen, richten eigene Aufbahrungsräume ein, schaffen institutionelle Abschiedsformen für die Angehörigen und Mitarbeitenden.
Der Tote wird nicht mehr einfach möglichst schnell »entsorgt«. Die Menschen, die jemanden gepflegt oder ärztlich betreut haben, die einen Verstorbenen ehrenamtlich begleitet, seelsorglich oder therapeutisch oder als sozialpädagogische Mitarbeiter beraten und begleitet haben, sollen die Gelegenheit haben und sich die Zeit nehmen, dem Toten ins Auge zu sehen, das Leben auch in seinem Vergehen zu würdigen, eigenes Versagen

und eigene Ohnmachtsgefühle hinter sich zu lassen und Abschied zu nehmen. Das entspricht der Würde des Toten und der Würde der Mitarbeitenden, macht unsere menschliche Schicksalsgemeinschaft deutlich, hilft, mit Trauer umzugehen, und erleichtert es, wieder neue Menschen empfangen zu können.

Zu den verschiedenen Aspekten in dieser Phase unmittelbar zwischen Versterben und Beerdigung geben wir Anregungen aus der Praxis verschiedener Einrichtungen, laden wir aber auch ein zur Gestaltung mit Texten und Gebeten, mit dem Schatz der christlichen Tradition und mit neuen Ritualen und symbolischen Handlungen.

Ida Lamp
Karolin Küpper-Popp

Hinführungen

Den Tod anschauen – den Toten verabschieden

Ida Lamp/Karolin Küpper-Popp

In den Veröffentlichungen zu Tod und Sterben, die in den letzten Jahren erschienen sind, findet sich kaum etwas über die Aussegnung oder über andere Rituale, die unmittelbar auf den Tod eines Menschen folgen.
Diese Lücke verwundert angesichts der Tatsache, dass über die Begleitung im Sterben und über die Begleitung in der Trauer eine Fülle von fachspezifischen und populärwissenschaftlichen Abhandlungen, Ratgebern und Erfahrungsberichten vorliegt.
Zwei Tendenzen sind erkennbar: Eine ist, dass man das, was unmittelbar nach dem Tod eines Menschen zu tun ist, vorwiegend und ohne Zögern dem oder der Beauftragten einer *Kirche* überlässt. Diese sieht dafür traditionell festgelegte und eingeübte Rituale vor. Nehmen die meisten Menschen, ob einer Kirche zugehörig oder nicht, diesen »Service« gern an, auch wenn die benutzten Texte eine ihnen ungewohnte Sprache sprechen und die gebrauchten Bilder ihnen fremd geworden sind? Oder sind die kirchlich gehüteten Bilder, Sprache, Abschiedsformen gar nicht so fremd, sondern treffen genau Wünsche und Bedürfnisse der Betroffenen (auch wenn sie sonst nicht mehr kirchlich verortet sind)? Wenn dem so ist, scheint das doch ein Phänomen zu sein, das der Individualisierung unserer Gesellschaft und der De-Institutionalisierung, die damit einhergeht, völlig zuwiderläuft. Ist unsere Zeit tatsächlich, wie in der Religionssoziologie diskutiert wird, auch im 21. Jahrhundert in problematischen Situationen »religionsproduktiv« oder zumindest »religionskonservativ«? Profitiert man im Sinne modernen Dienstleistungsdenkens in der Hauptsache von der Erfahrung, mit der kirchliche Seelsorgerinnen und Seelsorger – an das Bett eines Sterbenden oder kurz zuvor Verstorbenen gerufen – über das liturgische Angebot hinaus frei und situationsangepasst (Gebete) formulieren können? Das scheint da der Fall zu sein, wo man sich heilsame »*Spontanrituale*« wünscht, die auf die individuelle Situation der Anwesenden abgestimmt sind und sehr sensibel auf ihre aktuelle

Befindlichkeit eingehen können, für die eben (fast) ausschließlich die traditionellen Ritenträger in Frage kommen.
Die andere Tendenz geht dahin, allein den *Bestatter* für die Toten zuständig zu erklären. Nicht wenige wünschen sich, der Bestatter möge dafür sorgen, dass die Entsorgung »lebloser Überreste« möglichst kurz und schmerzlos vonstatten gehe. Gleichzeitig sind es immer mehr Bestattungsunternehmen, die ihrerseits Verabschiedungs- und Trauerfeiern anbieten. Das weist eindeutig darauf hin, dass der Moment des Übergangs vom Leben zum Tod von vielen als etwas aus dem übrigen Fluss der Zeit Herausfallendes oder Herausgehobenes erlebt wird. Es ist ein (auch im säkularen Kontext) »heiliger Moment«. Zunehmend wird Betroffenen wie Verantwortlichen klar, dass dieser Moment Gestaltung braucht – weil es ein subjektives Bedürfnis danach gibt, aber auch, weil die unzureichende Beachtung oder gar das Ignorieren der Besonderheit dieses Moments psychische und physische gesundheitliche Folgen für die Trauernden haben kann.
Nur selten sprechen Menschen darüber, wie sie – als Betroffene oder als Begleitende – diesen Moment des Übergangs erleben. Hängt dieser Mangel an Erfahrungsaustausch möglicherweise mit einer Art *Scheu* zusammen, die die »Schwebe des Lebendigen« nicht zerreden möchte, nicht in der Situation am Totenbett selbst, auch nicht im Reden über das Erlebte oder im Festschreiben von rituellen Abläufen?
Vielleicht ist hier weniger Pietät als vielmehr *Verdrängung* virulent: Das entspräche – leider – dem immer wieder von Hinterbliebenen beklagten Vorgehen vor allem in Krankenhäusern, dass nämlich der Moment des Übergangs (im Sinne des Sterbens selbst schon, aber hier fokussiert – aus der Perspektive der Angehörigen – auf den Umgang mit dem nun Toten) nicht *be*gangen, sondern *über*gangen wird in der Geschäftigkeit eines Personals, das hauptsächlich vom organisatorischen Gesichtspunkt her aktiv wird und nur aktiv sein kann und darf. Zunehmend wächst in den Einrichtungen das Empfinden dafür, dass es hier an Gestaltung fehlt.
Die Gestaltung des Abschieds gehört je nach Verständnis der Verantwortlichen in den Einrichtungen *nicht mehr* zur Sterbebegleitung – der begleitete Mensch ist ja bereits tot – , aber auch *noch nicht* zur Trauerbegleitung – die Angehörigen haben den Tod des Verstorbenen und seine Bedeutung für ihr Leben noch längst nicht in seiner ganzen Tragweite

wahrgenommen. Gibt es also – auch kritisch angefragt – deshalb so wenig Literatur, weil es für Medizin schon zu spät und für Therapie noch zu früh ist und die anwesenden Berufsgruppen sich überfordert fühlen oder nicht in ihrer *Zuständigkeit* angesprochen sehen? Welche Gründe – wenn nicht ethische oder religiöse – hat eine medizinisch-pflegerische Einrichtung, ihr Personal in der Gestaltung dieses Moments zu sensibilisieren und zu schulen?

Gibt es tatsächlich wenig Abschiedskultur für diesen relativ kurzen Zeitraum oder mangelt es lediglich an einer Dokumentation von Ritualen und an der Sammlung von benutzten oder brauchbaren Texten?

Mit dem vorliegenden Buch wollen wir die bestehende Lücke ein wenig schließen. Wir möchten über Rituale aus verschiedenen Traditionen und Erfahrungsbereichen informieren und damit zur Gestaltung des Moments unmittelbar nach dem Eintritt des Todes einladen. Wir sind davon überzeugt, dass diese Zeit – von Ruthmarijke Smeding so treffend Schleusenzeit® genannt (diese Bezeichnung wurde von ihr gesetzlich geschützt und ist nur mit dem Hinweis auf diesen Ursprung zu verwenden) – eine markante Wegmarkierung auf dem nun beginnenden Trauerweg darstellt.

Wir hoffen also, dass verschiedene Zielgruppen von dieser Sammlung profitieren:

- Die Hospizbewegung ist in Deutschland im Aufwind. Immer mehr ehrenamtlich Tätige engagieren sich in der Begleitung Sterbender und deren Angehöriger. Haupt- und ehrenamtliche SterbebegleiterInnen suchen Unterstützung für das Abschließen ihrer jeweiligen Sterbebegleitung.
- Zahlreiche Häuser, vor allem in kirchlicher oder kirchennaher, verbandlicher Trägerschaft, erarbeiten ein Leitbild ihrer medizinischen und pflegerischen Einrichtungen. Mitarbeitenden im Leitbildprozess können die Texte als Hilfe zur Gestaltung eines Kristallisationspunkts ihrer Arbeit dienen.
- Für medizinisches und pflegendes Personal in Kranken–, Pflege– und Senioreneinrichtungen enthält die Sammlung Anregungen zur Gestaltung eines Moments, der *auch* in ihre Zuständigkeit fallen kann.
- Unsere Kolleginnen und Kollegen in der Seelsorge finden über das ihnen Bekannte hinaus Texte, die sie als Mittel der Fortbildung ihrer verbalen und nonverbalen »Mehrsprachigkeit« nutzen mögen.

- Immer mehr Menschen denken auch ohne akute Betroffenheit durch eigene Krankheit oder Tod von Angehörigen über das Sterben und über die Gestaltung ihres Lebens angesichts der Vergänglichkeit unseres Daseins nach. Was an den Übergängen im Leben und an dessen Ende feierlich begangen wird, sagt viel darüber aus, wie die Feiernden ihr Leben verstehen. In diesem Sinne kann das Nachsinnen über ein Ritual nach dem Tod Menschen für die Gestaltung ihres Lebens inspirieren.

Erst-HelferInnen im Land der Trauer

Karolin Küpper-Popp/Ida Lamp

Die Sterbesituation, das Erhalten der Nachricht vom Tod eines/einer Angehörigen und das Aufsuchen des Ortes, an dem er oder sie gestorben ist, sind Momente, an die die Hinterbliebenen auch nach Jahren noch genau und oft mit starken Emotionen zurückdenken.

Längst nicht alle Angehörigen stehen in diesen ersten Momenten der Konfrontation mit dem Tod so unter Schock, dass eine Begleitung unmöglich wäre oder absurd erschiene. Im Gegenteil: Schon vor dem Eintritt des Todes, während des Sterbeprozesses selbst und erst recht in der Zeit unmittelbar nach dem Tod beginnt die aktive Trauerarbeit. Deren erste Aufgabe liegt darin zu realisieren, dass der/die Angehörige *tatsächlich* gestorben ist. Nach Forschungsergebnissen der Medizin und der Psychologie sind diese ersten Momente für den Verlauf des Trauerprozesses und für die körperliche und seelische Gesundheit der Betroffenen von entscheidender Bedeutung, ja sie werden als »Schlüsselsituation des Trauerprozesses« bezeichnet (Kerstin Lammer): Ob hier Trauerreaktionen erfolgen dürfen oder im Ansatz unterdrückt werden, ist von enormer Tragweite. Ein Angebot zuverlässiger Begleitung kann die Betroffenen darin unterstützen, den Tod mit allen Sinnen wahrzunehmen. Und selbst wenn jemand den Tod als Schock erlebt, gilt es, dies als Herausforderung an Begleitung wahrzunehmen. Manchmal kann das bedeuten, dass ich als Seelsorgerin oder Pflegende oder Sozialarbeiterin etwas tue, an das ich später erinnern kann: *Ich habe für dich – sozusagen stellvertretend – damals eine Weile am Bett gesessen, ein Licht angezündet, ein Gebet gesprochen, einen Text gelesen. Ich habe damals diese Blume aus dem Zimmer aufgehoben. Ich habe ein Foto gemacht, weil ich nicht nur den Schrecken des Todes, sondern auch die Erlösung auf dem toten Antlitz habe sehen können. Ich habe alles aufgeschrieben.*

Solches Tun, solche Erinnerungen können im Nachhinein so wichtig sein für einen, der in der Situation »ausgefallen« ist. Dies gilt natürlich auch für nahe Angehörige oder Freunde, die nicht da sein können und erst nach der Beerdigung vom Tod erfahren.

Gerade wenn ein Mensch draußen auf der Straße, im Garten, auf der Arbeitsstelle oder im Einkaufsladen verstirbt, kann es für den Trauerprozess elementar nötig sein, die Angehörigen zu ermutigen, ihn noch einmal nach Hause zu holen und dort aufzubahren. Der unfassbare, plötzliche Tod braucht umso mehr einen Ort und einen Zeit-Raum, um gefasst zu werden. Das Anfassen und Ansehen, das Riechen hilft zur tastenden Annäherung.

Die Bestatter haben in den letzten Jahren unendlich viel dazu beigetragen, Menschen, deren Körper durch Unfälle oder Gewalteinwirkungen entstellt waren, nicht einfach dem Blick der Angehörigen zu entziehen, sondern eben für diesen Blick zu bereiten und herzurichten. Den Toten anzuschauen hilft uns, den Tod zu begreifen. Bei Trauernden entsteht so zum Beispiel nicht das Gefühl, »die haben das verwechselt«, »das ist gar nicht mein Mann, meine Frau, mein Kind«. Oder sie haben nicht den Druck, den Sarg ausgraben und den Toten ansehen zu müssen, um die Wirklichkeit dieses Todes zu fassen.

Liturgische und rituelle Feiern können dabei helfen, aus den schrecklichen Bildern des Todes gute, heilsame werden zu lassen.

Und selbst wenn die Angehörigen im Sterben und direkt danach nicht dabei sind, kann es ihnen helfen, zu hören, dass ein Notfallseelsorger, ein Mitmensch am Sterbeort gebetet und einen Segen für den gerade Verstorbenen gesprochen hat. Solches Tun entreißt den Toten der Brutalität des Todes und stellt ihn in eine würdige Gemeinschaft mit den Lebenden; es entreißt ihn – wenigstens für diesen Moment – unerträglicher Schicksalsmacht und setzt ihn in eine erhoffte neue Lebenswirklichkeit Gottes. Im Nachhinein kann das für Nahestehende so unendlich wichtig sein. Notfallseelsorger haben für diesen Moment Gedächtniskarten entwickelt (siehe Anlage, S. 169/170).

Das, was jetzt geschieht, wenn jemand verstorben, durch einen Unfall, durch Suizid oder auf andere Weise gewaltsam zu Tode gekommen ist, kommt so nie mehr zurück. In diesem Sinne ist es eine einmalige »Chance«; die Theologen würden vielleicht sagen ein »Kairos«. Noch ist die Person »hier«, bin ich seine Frau, ihr Mann, sein Sohn, ihre Tochter, der Papa, die Oma … Auch wenn wir unwiderruflich auf verschiedenen Seiten stehen, nie mehr miteinander gehen.

So gilt es, ein professionelles Verständnis als Moderatorin dieser einmaligen Situation, als Lotse in diesem gefährlichen Fahrwasser, als unvoreingenommene Begleiterin, als Erst-Helfer im Land der Trauer und als geschehensbedingter Gast im Leben eines anderen zu entwickeln. Und das bedeutet ganz sicher auch – was wir in diesem Buch aber kaum thematisieren werden –, den Umgang mit eigenen Ängsten und Ekelgefühlen und mit der Abwehr des Erschreckenden und Schrecklichen einzuüben; Wahrnehmungsfähigkeit zu entwickeln, Intuition zu schärfen, wahrhaftigen Umgang mit eigenen Grenzen zu pflegen.

Die christlichen Kirchen am Übergang vom Leben zum Tod

Karolin Küpper-Popp/Ida Lamp

Die Kirchen haben an diesem Übergang vom Leben zum Tod ein eigenes Verständnis ihres seelsorglich-liturgischen Dienstes entwickelt. In der evangelischen und der katholischen Kirche ist traditionell der Pfarrer/die Pfarrerin für diesen Moment zuständig. Er segnet den bereits Verstorbenen und hält die Aussegnung. In der katholischen Kirche feiert er mit dem noch Lebenden die Krankensalbung. In beiden christlichen Kirchen kann der (liturgische) Abschied von einem Verstorbenen, den wir in Gottes Hand zurückgeben, auch von Laien gefeiert werden.
Es ist sinnvoll, Angehörige, Freunde, Bewohner – und natürlich auch die Mitarbeitenden, Besuchsdienste u. Ä. – über diese Möglichkeit des Abschieds frühzeitig zu informieren. So gehört diese Information beispielsweise auf die Internet-Seiten einer Pfarrgemeinde oder eines Altenheimes oder Krankenhauses. Sie sollte in den Einrichtungen auch auf einem Faltblatt bekannt gemacht werden, das in der Krankenhauskapelle (Altenheimkapelle) ebenso zu finden ist wie etwa in einem Ständer mit Informationsbroschüren auf den Stationen oder im Eingangsbereich. (Beispiele im Anhang)

Empfehlung

Für die Teilnehmer am Abschiedsritual/an der Aussegnung – Angehörige, Freunde, eventuell MitarbeiterInnen der Einrichtung – empfiehlt es sich zudem, ein Liturgieblatt mit dem üblichen Verlauf und den Texten für das gemeinsame Sprechen bereitzuhalten. Gewöhnlich kommt heute eine weltanschaulich gesehen bunte Schar von Menschen in dieser Situation zusammen. Wer eine Aussegnung noch nie erlebt hat, wem die kirchlichen Handlungen und Abläufe fremd geworden sind, dem gibt das Blatt, das den Ablauf wiedergibt und von allen zu sprechende Texte – auch das Vaterunser – verzeichnet, Halt und Orientierung.

Die Gemeinde bildet im Selbstverständnis der Kirchen sozusagen den spirituellen Hintergrund des Geschehens – auch wenn nur eine Person anwesend ist. Weil ein Christ durch die Taufe Teil der Gemeinde wird oder – wie es theologisch heißt – Teil des Leibes Christi, betrifft sein Sterben nicht nur ihn selbst, seine Familie und Freunde, sondern auch die Pfarrgemeinde, zu der er gehört, und die größere kirchliche Gemeinschaft. Darum begleiten wir nicht nur das Leben, sondern auch das Sterben eines gläubigen Menschen mit Gebeten. Darum gibt es die Aussegnung.
Bei der Aufbahrung im eigenen Zimmer oder in den Einrichtungen (anders als beim Bestatter) ist es für die Menschen, die daran teilnehmen, gut, wenn der oder die Verstorbene noch nicht im Sarg liegt (und nicht auf einem Katafalk/Rollwagen aufgebahrt ist). Die Verabschiedung markiert genau diesen Übergang vom »normalen« Leben zum Entziehen des Leichnams durch seine Beisetzung. Mit der Feier in den Einrichtungen wird die Einzigartigkeit dieses Menschen und seines Sterbens begangen: Dieser Platz, den dieser Mensch ausgefüllt hat, bleibt jetzt leer.
Die Aussegnung ist eine »Aus-Zeit«, ein Atemholen. Es kommt nicht darauf an, alles »richtig« oder ästhetisch ansprechend zu gestalten, sondern eher auf die Ruhe, die in diesem Ritual vermittelt wird.

Aussegnung

Die *Aussegnung* gehört zur Begleitung eines sterbenden Menschen und stellt deren Abschluss dar. Daran wird deutlich, dass es ein Weg mit einer ganzen Reihe von Stationen ist, auf dem die christliche Gemeinde im Sterbefall ihre Glieder begleitet. Die Aussegnung geschieht, bevor die oder der Verstorbene in die Leichenhalle gebracht werden soll. Die Aussegnung kann von der Pfarrerin oder dem Pfarrer, aber ebenso von anderen Gemeindegliedern wie Angehörigen, Nachbarn oder Freunden vorgenommen werden.

Aus: Agende für die evangelisch-Lutherischen Kirchen und Gemeinden, Band III, Teil 5: Die Bestattung, S. 24. © Lutherisches Verlagshaus GmbH, Hannover 1996.

Liturgische Ordnung einer Aussegnung

Votum
Eingangsspruch
Psalm
und/oder
Gebet
Schriftwort
(Persönliche Worte, Gespräch, Stille)
Aussegnung
Vaterunser
Segen

Diese Ordnungen können je nach örtlichen Gegebenheiten auch verändert werden, so dass sie auch etwa so aussehen kann:

Gruß
Einleitendes Wort
Gebet
(Psalm)
Lesung
(Worte der Angehörigen)
(Zeichen des Abschieds: Blumen ablegen, Kuss)
Abschiedssegen
Gebet des Herrn
Segen

Aus: Schriftworte und Liturgische Texte (Teil IV) für den Bestattungsgottesdienst. Herausgegeben von der Kirchenverwaltung der Evangelischen Kirche in Hessen und Nassau, Darmstadt 1993, S. 11.

Totenwache (katholisch)

Zwischen Tod und Begräbnis versammelt man sich (traditionell/ in ländlichen Gegenden etc.) im Trauerhaus oder in der Kirche zum Gebet. Bei dieser so genannten Totenwache betrachtet man das Sterben im Licht von Tod und Auferstehung Jesu Christi. So werden aus dem katholischen Gebet- und Gesangbuch »GOTTESLOB« Lieder aus den Abschnitten »Tod und Vollendung« (Nr. 652-664), die Litanei für die Verstorbenen (Nr. 770), die Litanei vom Leiden Jesu (Nr. 766), die Andacht von den sieben Worten Jesu am Kreuz (Nr. 776), das Rosenkranzgebet und Ähnliches empfohlen.
Gut geeignet ist aber auch die Litanei von der Gegenwart Gottes (Nr. 764).

Verantwortliche Angehörige und Freunde am Totenbett

Karolin Küpper-Popp

Auch wenn Familie und Freunde in den letzten Stunden am Sterbebett präsent sind, lässt sich nicht immer regeln, dass im Moment des Todes oder kurz danach die Menschen anwesend sind, die der Tod dieses Verstorbenen am meisten betrifft.
Wer juristisch für die Bestattung zuständig ist, regeln die Gesetze der Länder. In vielen Fällen sind aber diejenigen, die de facto die Partner im Gespräch mit dem Pflegepersonal und dem Arzt, vielleicht dem/der SeelsorgerIn sind und die Bestattung vorbereiten, andere Menschen aus der Familie oder dem Freundeskreis, die von sich aus diese Rolle übernehmen oder von den juristisch Verantwortlichen darum gebeten werden.
Auch wenn es manchem pietätlos erscheinen mag, ist es oft hilfreich, im Vorhinein festzulegen, wer an welcher Stelle Verantwortung übernehmen soll. Diese vorsorglich getroffenen Absprachen entlasten in der ohnehin anstrengenden Situation die Anwesenden. Sie verhindern, dass angesichts der ansonsten notwendigen Betriebsamkeit, die manchmal seitens der Einrichtung noch verstärkt wird, der eigentliche Abschied verpasst oder überspielt wird.

- Wer wird angerufen, wenn der/die Kranke verstorben ist?
- Wer soll die anderen benachrichtigen? Wie? Per Telefon? Per E-Mail? Im direkten Kontakt?
- Sind alle dazu notwendigen Adressen und Nummern vorbereitet?
- Wer soll ins Krankenhaus/ins Seniorenheim/ins Haus kommen? Wer nicht? Wer soll Gelegenheit haben, sich bei einer Aufbahrung noch/erst zu verabschieden?

Die Herausforderung, die in diesen Entscheidungen liegt, wird oft als eine Zumutung empfunden: Der, der jetzt den Toten/die Tote nicht mehr sieht, kann das nie mehr nachholen. Ich muss entscheiden, dass jemand diese Gelegenheit bekommt oder nicht, wo mir doch seine Anwesenheit jetzt unangenehm sein könnte? Ich soll entscheiden, dass jemand durch die Benachrichtigung seinerseits in die Entscheidungssituation gestellt wird, unter Umständen Urlaub zu nehmen, eine Reise anzutreten o.Ä., um ans Totenbett zu kommen? Auch wer hier verpasst, Entscheidungen zu treffen, trifft sie, und die Folgen sind keinesfalls revidierbar. Nicht nur in den Stunden unmittelbar nach dem Tod des Angehörigen, sondern für alle Zeit danach werde ich damit leben müssen, jemanden informiert oder nicht informiert und ihn dadurch in den engeren Kreis der Betroffenen aufgenommen oder eben nicht aufgenommen zu haben. Dies ist z.B. in Patchworkfamilien mit Ex-EhepartnerInnen, Stief- und Halbgeschwistern eine enorme Aufgabe, die durch das Aufschieben der Entscheidungen nicht einfacher wird.

Es ist ebenso hilfreich, wenn die Verantwortlichen im Vorhinein weitere AnsprechpartnerInnen benennen:

- Wer spricht mit Pflegepersonal und Arzt/Ärztin? Wer kann im Vorhinein versuchen sicherzustellen, dass für die Verabschiedung am Totenbett ausreichend Zeit da ist und das Verlassen des Ortes in Würde geschieht?
- Wer benachrichtigt das Bestattungsinstitut und trifft die Absprachen über den Zeitpunkt der Abholung des Verstorbenen und andere Fragen?
- Wer spricht mit dem Seelsorger/ mit der Seelsorgerin oder einem anderen Menschen, dessen Nähe als wohltuend erfahren wird und der seine Erfahrung in die Vorbereitung und Durchführung der Bestattung einbringen kann und möchte?
- Wer formuliert die Todesanzeige?
- Wer ist AnsprechpartnerIn für die Kinder?

Hier muss nicht die Nähe zum Verstorbenen den Ausschlag geben – es kann Missverständnissen vorbeugen, das offen anzusprechen. Manchmal sind die größere Krisenkompetenz oder Zivilcourage, die persönliche Bekanntschaft mit den AnsprechpartnerInnen, das bessere Verhandlungsgeschick, die größere Erfahrung oder einfach die geringste räumliche Distanz zum Ort des Geschehens ausschlaggebend.

Abschied seitens des Personals

Karolin Küpper-Popp/Ida Lamp

Medizinisch-pflegerisches Personal, SeelsorgerInnen und ehrenamtlich Mitarbeitende können die Angehörigen nur so weit in ihrer Trauerarbeit unterstützen, wie sie selbst bereit sind, sich mit dem Tod wirklich und wirksam zu konfrontieren. Erst ihre Kompetenz, für sich selbst Abschied zu nehmen, befähigt sie, den Betroffenen hilfreich zu begegnen.
Wenn der Umgang mit dem Sterben und der Trauer nicht zur Routine erstarren soll, ist es daher für haupt- und ehrenamtlich Arbeitende hilfreich, an Ritualen teilzunehmen, die in der Einrichtung gepflegt werden, und persönliche Wege der Verabschiedung zu gestalten. Diese zu praktizieren, kann vor allem dann große Bedeutung erlangen, wenn sich der/die Kranke und das Personal seit Jahren gekannt (und gemocht oder auch gar nicht gemocht) haben.
Einrichtungen, in deren Leitbild Spiritualität und Menschenwürde zu den Kernbegriffen gehören, tun gut daran, ihren Mitarbeitenden die individuelle Verabschiedung von Verstorbenen zu ermöglichen, ja sie sogar zu ermutigen, ihre Arbeit für eine Weile zu unterbrechen und die Kapelle der Einrichtung, den Raum der Stille oder das Verabschiedungszimmer aufzusuchen, wenn ein Mensch verstorben ist.
In der Ruhe dieses Raumes können die Mitarbeitenden sich an gemeinsame Momente mit dem jetzt Verstorbenen erinnern, ihre Gefühle der Trauer, der Erleichterung usw. wahrnehmen und ihnen vielleicht in Gebet, Musik, Schreiben und symbolischen Handlungen *(s. dort, Seite 33-42)* Ausdruck verleihen.

Die am Totenbett verbrachte Zeit wird manchmal zu einer Art Schulung für den Abschiednehmenden. Die offensichtliche Sterblichkeit, die wir hier erleben, wird immer wieder zum Anstoß, Grundfragen unseres Daseins zu stellen:

- Wer bin ich angesichts dieses/dieser Verstorbenen?
- Ich werde sein, was er/sie ist. Woher komme ich? Wohin gehe ich?

- Was ist mir wichtig für die Gestaltung meines Lebens angesichts der Vergänglichkeit, die vor meinen Augen konkret wird?
- Bin ich mir der »Kostbarkeit des Lebens« bewusst? Bin ich dankbar, dass ich lebe? Worin drückt sich das aus?
- Was erhoffe ich für diesen Toten? Was wünsche ich für die, die ohne ihn oder sie weiterleben?

Zusätzlich beschließt der Tod des Patienten/der Patientin (oder der Bewohnerin/des Bewohners) den Auftrag des Personals, den es in seiner Versorgung oder Begleitung hatte. Das stille Verweilen bringt diese gemeinsame Zeit an ein Ende und ermöglicht dem, der Abschied genommen hat, eine größere Offenheit für die nächsten beruflichen und privaten Begegnungen.

Ein Mensch hat seinen letzten Atemzug ausgehaucht; unweigerlich ist dieses Leben zu Ende gegangen, vollendet. Wenn wir das erleben, spüren die Pflegende und Begleiterinnen manches Mal, dass der Verstorbene noch eine ganze Weile »präsent« ist. Oder wir nehmen als ehrenamtliche Begleiterinnen, als Pflegende oder als herbeigerufene Seelsorger und Seelsorgerinnen wahr, dass Angehörige und Freunde eine geraume Zeit brauchen, diese Erfahrung des Versterbens in sich aufzunehmen.
Die Würde und Bedeutsamkeit des Sterbens und der Toten haben in früheren Zeiten ganz selbstverständlich in Totenwachen ihren Ausdruck gefunden. Sie haben es ermöglicht, den Übergang mitzuvollziehen, dem Sterben, dem Tod und den Toten im Leben einen angemessenen Platz zu geben. Sie haben geholfen, aus der Sprachlosigkeit dieses Augenblickes langsam wieder den Weg zur Sprache zu finden, indem sie Worte der Tradition als Sprachhilfe angeboten haben.
Dafür soll es auch heute überall, wo gestorben wird, Formen, Räume und Zeiten geben.

Rituale am Totenbett – wozu dienen sie? Eine kleine Ritualkunde

Karolin Küpper-Popp/Ida Lamp

Rituale oder Riten geben dem Raum zwischen der einen Lebensphase und der anderen eine symbolische Form, trennen vom Alten und machen bereit für das Neue. Dadurch werden Kräfte mobilisiert, die wir alle in uns tragen, die aber oft verschüttet sind. So jedenfalls hat der Ethnologe Arnold van Gennep (1873-1957) in seinem Werk *»Rites de Passage«, also Übergangsriten,* aufgrund seiner Untersuchungen von Ritualen vieler Völker eine dreiteilige Grundstruktur von Ritualen beschrieben:

- Trennung, Verabschiedung des Alten
- Übergang
- Wiederangliederung.

Psychologen wissen, dass gerade in Zeiten gesellschaftlicher Verunsicherung Rituale *Orientierung und Sicherheit* geben. Sucht man im Internet nach Beiträgen zu Ritualen am Totenbett, findet sich eine Fülle an Forschungsergebnissen aus Völkerkunde und vergleichender Religionswissenschaft, aber kaum etwas zu unserer eigenen Kultur. Sind uns unsere eigenen traditionellen Rituale fremd geworden? Soziologen stellen fest, dass sie der Mehrzahl unserer Zeitgenossen vor allem in ihrer »säkularen« Form aus Sportereignissen und anderen Events vertraut sind. Während noch vor einigen Jahren (kirchliche) Rituale oft als Verhinderung von Spontaneität und als zwanghaftes Reglement des je eigenen persönlichen Ausdrucks erlebt und deshalb gemieden wurden, werden sie im Zuge der »Religionsproduktivität« unserer Gesellschaft (vor allem im Sport und bei anderen Freizeitveranstaltungen) auf vielfältige Weise neu entdeckt.
Dass Rituale Orientierung und Sicherheit geben, gilt auch für persönliche Momente existenzieller Unsicherheit: Wie eine feste Struktur des Tagesablaufs für Menschen in Krisen zu einem hilfreichen Gerüst werden kann, erlauben Rituale, dass sich die Betroffenen gewissermaßen in sie hineinfallen lassen können, sofern ihr Ablauf bekannt oder mindestens

leicht erlernbar ist – es gehört zum Wesen von Ritualen, dass sie *einfach und wiederholbar* sind.

So bieten sie den Teilnehmenden nicht nur die *Beheimatung in ihrer Sprache und ihren Gesten,* sondern auch in der *Beheimatung in der Gemeinschaft,* die durch die Teilnahme am Ritual zumindest für die Dauer seines Verlaufs entsteht, in vielen Fällen auch darüber hinausgeht: Wer an einem traditionellen Ritual mit weiter Verbreitung teilnimmt, verbindet sich darin mit den vielen Menschen, die für sich auch an anderen Orten und zu anderen Zeiten in seinem Vollzug Zugehörigkeit erlebt haben.

Integrativ wirken die Rituale auch in Bezug auf die Kräfte des Menschen; sie sprechen nicht nur das *Denken, Fühlen und Wollen* eines Menschen an, sondern auch seine *Sinne*: Sehen, Hören, Riechen und Tasten »schmecken« das, was im Ritual besonders gefeiert wird, und schmecken das Leben überhaupt. Die Handlungen und die Gegenstände, die zum Ritual gehören, übersteigen die Ebene der Funktionalität – das Anzünden einer Kerze im Rahmen eines Rituals kann nicht durch das Anschalten einer Halogenleuchte ersetzt werden. Dieser Tiefenbezug wird erreicht, wenn die Handlungen und Gegenstände Symbolcharakter haben, auf der Ebene des Unbewussten verstanden werden und innere Bilder wachrufen können. Im Idealfall bewirken die symbolischen Handlungen im Ritual das, wofür sie ein Zeichen sind: Der zeichenhafte rituelle Händedruck, der den Frieden zwischen den Teilnehmenden bezeugen soll, kann über das Ritual hinaus zum Frieden führen.

Anlässe für Rituale sind die zahlreichen Durchgänge, *»Passagen«*, in unserem Leben: Geburt, Heirat, Tod und andere. So können beispielsweise die Rituale der Bestattung die Teilnehmenden darin unterstützen, ihre »Veränderung« von Angehörigen des Verstorbenen zu Hinterbliebenen des Toten anfänglich zu bewältigen. Allgemein gesprochen können sie dazu beitragen, das Bezugssystem ihrer alten Lebenssituation hinter sich zu lassen und feierlich in die Bezüge ihrer neuen Lebenssituation einzutreten, u. a. im gemeinsamen Essen der Trauergemeinde im Anschluss an die Bestattung.

Durch ihre *äußere Ordnung in Raum, Zeit und Ablauf* haben Rituale *stabilisierende Funktion.* Sie entlasten die Teilnehmenden und stiften Ordnung im Übergang vom Bekannten zum Unbekannten. Gerade in Situationen von Abschied und Trauer, die mit Schmerz, Angst, Wut und anderen starken Emotionen einhergehen können, bieten sie den Teilnehmenden einen Rahmen an, innerhalb dessen sie einerseits ihre Gefühle wahrnehmen und erleben können, andererseits nicht in ihnen erstarren: Das rituelle Sprechen von Worten oder der Vollzug ritueller Handlungen belassen die Betroffenen nicht in stumpfer Passivität, sondern ermöglichen ihnen ein aktives Sichverhalten zu ihrer aktuellen – auch Sprachlosigkeit erzeugenden – Situation. Im Ritual haben die Trauernden die Möglichkeit, ihren Gefühlen Ausdruck zu verleihen, und können den Ablauf des Rituals gleichzeitig als heilsame Grenze erleben, die das von ihnen möglicherweise befürchtete Ausufern von emotionalen Ausbrüchen verhindert oder einschränkt.

Paradoxerweise führt gerade diese Stabilisierung durch das Ritual zur *Bereitschaft für Veränderungen.* Die Feier des Übergangs führt über die Wahrnehmung der Instabilität zur Offenheit für den zukünftigen Weg.

Menschen, die durch ihre spirituelle Praxis im Alltag ihre *Sensibilität* für die Bedeutsamkeit von Zeichen und Zeichenhandlungen geschärft und an *Durchlässigkeit* gewonnen haben, können Rituale in Krisensituationen, z. B. beim Tod eines nahe stehenden Angehörigen, in besonderer Weise als helfend und heilsam erfahren. Rituelle *Einübung in Offenheit und Gelassenheit* dient aber nicht nur (funktional) der Bewältigung von Krisen, sondern dem Leben überhaupt.

Traditionell wurde der Pfarrer zu einem Ritual am Totenbett herbeigerufen, möglichst schnell nach Eintreten des Todes. Dazu kamen die Nachbarinnen und Nachbarn zusammen. Der Raum für den Verstorbenen wurde meist schon von dieser »familialen« Trauergemeinde bereitet. Diesen Menschen waren die Rituale des Sterbens vertraut – auch weil in diesem eigenen Raum viel öfter gestorben wurde als heute. Die Uhren waren schon angehalten worden, das Fenster (oder die Seelenklappe, ein eigenes Fensterteil, das so bezeichnet wurde) geöffnet, Fenster verhängt worden, längst ehe irgendeine Amtsperson gerufen wurde.

Mit dem Totengeläut, das in vielen Kirchengemeinden üblich war (und ist), wurde die Gemeinschaft auf den Eintritt des Todes aufmerksam gemacht. Am Läuten konnte man oft sogar erkennen, ob es sich um einen Mann oder eine Frau handelte und wie alt der Verstorbene war. Und so wusste man oft direkt, wer gemeint war. Das Geläut hatte die Funktion zu

informieren, aber natürlich auch zur Teilhabe aufzurufen: zu einem Gebet, zu einem Besuch im Trauerhaus.
Es gab in manchen Gegenden beispielsweise Totenbretter, auf die der Verstorbene aufgebahrt wurde: ein Brett zwischen zwei Stühlen, auf das er bis zu seiner Einsargung gelegt wurde (auch aus ganz praktischen Gründen, weil das Bett meist gebraucht wurde!). Diese Bretter waren bunt bemalt und wurden nach der Beisetzung aufgestellt. Kerzen wurden rechts und links vom Kopf des Verstorbenen angezündet. Manchmal war es die Taufkerze als Hoffnungssymbol des nicht erlöschenden Lebens oder eine eigene Totenkerze, die schon längst für diesen Moment bereitlag, die zusätzlich entzündet wurde. Dem Verstorbenen wurde ein Sterbekreuz oder ein Rosenkranz in die Hand gegeben oder auf den Leib gelegt, die er vielleicht schon in seinen letzten Stunden gehalten hat. Ein kleines Gefäß mit Weihwasser wurde aufgestellt – oft mit einem Holunderzweig – und jeder Besucher besprengte den Verstorbenen mit dem Wasser, das an die Taufe erinnern sollte und damit an eine Hoffnung auf neues, unvergängliches Leben für diesen Toten.
Dem Pfarrer oblag es nun, den Toten für seine letzte Reise zu rüsten – einen letzten Segen zu spenden, ihn »auszusegnen«, wie die christlichen Kirchen dieses Ritual nennen.

> Das Totengeläut ist seit dem 6. Jh. belegt (Gregor von Tours) und wird vor allem in ländlichen Gegenden bis heute praktiziert.
> Die Abkündigung bzw. Fürbitte im evangelischen Hauptgottesdienst bzw. am Ewigkeitssonntag (im 19. Jahrhundert eingeführt durch Friedrich Wilhelm III.) nimmt das Versterben eines Menschen auch in seiner gemeindlichen Dimension wahr. Im katholischen Gemeindeleben sind ebenfalls Abkündigung (Vermeldung) und Fürbitte und weitere Formen des Gedenkens an Verstorbene – etwa im Hochgebet – oder an besonderen Festtagen – Allerseelen – üblich.

Symbolische Handlungen am Totenbett

Karolin Küpper-Popp/Ida Lamp

Die Auffassungen darüber, wann eine symbolische Handlung zum Ritual wird, gehen auseinander: Ist eine Symbolhandlung immer ein Ritual? Gehört zum Ritual – anders als zur Symbolhandlung – eine (etablierte) gesellschaftliche oder kultische Gemeinschaft, z. B. die einer Kirche? Gibt es auch Rituale, die bestimmten Familien eigen sind, bestimmten Vereinen, bestimmten Völkern?

Was genau macht den Unterschied zwischen Riten, Ritualen, Zeichen, Symbolen und Symbolhandlungen aus? Diesen Bibliotheken füllenden Fragen können wir hier nicht nachgehen.

Unter Symbolhandlungen verstehen wir, dass etwas mit Herz, Hand und Kopf erfahrbar wird, was über den Moment hinausweist in einen größeren Horizont, in ein tieferes Begreifen, in eine andere Gemeinschaft. Diese Symbolhandlungen können in einer Einrichtung oder einer Familie zum festen Bestandteil eines Abschiedsprozesses gehören. Manche passen auch nur beim Tod eines einzigen Menschen und werden gerade für diese besondere Verabschiedung »erfunden«. Symbolische Handlungen sind – anders als das Ritual – nicht unbedingt wiederholbar. Gerade da, wo sie situativ gesucht werden, ist neben der Kreativität vor allem vonnöten, den Verstorbenen und seine Lebenswelt gut zu kennen und die eigene Intuition und Kompetenz im Umgang mit Zeichen einzubringen, wenn nicht der Verstorbene selbst in seiner Lebenszeit Wünsche für solche Symbolhandlungen geäußert hat.

Deshalb geht es hier nicht um »Rezepte« für Symbolhandlungen zum Nachmachen, sondern um Erfahrungen und Hinweise, die für persönlich Betroffene oder professionell Gefragte zur Anregung werden können. Die Einübung in die Gestaltung von Lebensräumen und -situationen, z. B. das bewusste Zelebrieren von Jahrestagen, von Festen im Jahreskreis, von kleinen Übergängen (Umzug in eine neue Wohnung, Ferienende, Rückkehr von einer Dienstreise, Eröffnung eines Projekts usw.) wird den Betroffenen in der Situation des Abschieds von einem Verstorbenen zugute kommen. Wer in der Lage ist, einen Raum für ein Fest zu gestalten, Kleidung angemessen auszuwählen, Einladungen treffend zu formulieren usw., verfügt über wichtige Kompetenzen, die vielleicht auch fürs Zelebrieren des einschneidenden Übergangs Sterben angesprochen und so genutzt werden können.

Professionelle Kräfte können Familienmitglieder und Freunde ermutigen, am Bett ihres lieben Verstorbenen ihrer Intuition zu folgen und in symbolischen Handlungen zum Ausdruck zu bringen, was sie bewegt.

Die letzte Position vorbereiten

Wie in der Sterbebegleitung liegt hier eine zentrale Aufgabe darin, »Dinge zu Ende zu bringen«, »rund zu machen«. Am einfachsten ist diese Aufgabe zu »begreifen« im Auftrag, den Toten in die letzte Position seines Wegs zu bringen, d.h. seine Augen zu schließen, seine Hände zusammenzulegen usw. Schon dafür gibt es keine einheitliche Praxis mehr. Mit den Angehörigen muss man absprechen: Sollen die Augen tatsächlich geschlossen werden oder darf man den Tod im Antlitz sehen? Wenn die Augen geschlossen bleiben sollen, muss man mitteilen, dass die Augenlider eine Zeit lang mit einem nassen Wattebausch beschwert werden müssen.

Soll der Mund so bleiben, wie er ist? Dann ist er gewöhnlich leicht geöffnet. Wenn Angehörige wollen, dass er geschlossen ist, dann muss man unter Umständen eine Zeit lang ein aufgerolltes Handtuch zwischen Kinnlade und Brust klemmen.

Die Handhaltung war früher in christlichem Milieu die gefalteten Hände – ineinander verschränkte Finger. Das ist heute so nicht mehr unbedingt zu tun. Ich muss als Pflegekraft oder Nachbarin, wenn ich Angehörige unterstütze, danach fragen, wie die Handhaltung aussehen soll.

In vielen Kulturen ist es üblich, den Verstorbenen ein letztes Mal zu waschen. Das kann natürlich ein eher funktionales Geschehen sein: Jemand wird sauber gemacht. Aber einige Pflegekräfte haben uns erzählt, dass das für sie nicht einfach nur eine letzte Körperpflege ist. Sie nutzen diese Gelegenheit, sich vom Verstorbenen zu verabschieden. Sie entschuldigen sich für alle Ungeduld und Unachtsamkeit bei der Pflege. Sie waschen sozusagen allen Lebensschmutz ab, um den Toten für ein neues Leben zu bereiten.

Möglicherweise ist es gut, als Ausbilderin oder Anleiter – also in den Fachseminaren für Altenpflege und den Krankenpflegeschulen und als Anleitende in der Praxis der Pflegestationen – solche Aspekte während der Ausbildung zu benennen. Dann kann sich jemand selbst in der konkreten Situation des Umgangs mit einem Verstorbenen damit auseinander setzen, wie er oder sie sich die letzte Waschung eines Verstorbenen vorstellt. Pflegedienste sind sicher auch daran zu messen, ob sie mich als Angehörigen bei diesem letzten Dienst unterstützen. Auch solche Aspekte müssten mehr in die Ausbildung von Pflegenden integriert werden.
In vielen Einrichtungen laden inzwischen Pflegende Angehörige ein, die letzte Waschung zu übernehmen, und leiten sie dabei an und begleiten sie. Dazu kann es auch gehören, noch etwas anderes für den Leib zu tun, den ich so ein letztes Mal berühren kann: mit einer Salbe oder Creme den Körper ein letztes Mal einreiben – oder nur die Hände, das Gesicht, die Nägel ein letztes Mal lackieren, das Gesicht ein letztes Mal schminken, die Haare ein letztes Mal kämmen … Es erfordert von den Begleitenden dieses letzten Weges viel Aufmerksamkeit und Achtsamkeit wahrzunehmen, was für den anderen »dran ist«. Und natürlich auch festzustellen, wo Begleitung gebraucht wird und wo man einen Angehörigen bei diesem letzten Tun, nachdem man den Weg dazu bereitet hat, allein lässt. Manchmal ist es erforderlich, im Raum nebenan zu warten, bis man wieder herbeigerufen wird. Manchmal ist es gut, einfach in den Hintergrund zu treten und still das Tun des anderen Menschen zu begleiten, dem dieser – oft sehr intime – Moment gehört.
Das Zum-Abschluss-Bringen des Wegs des Verstorbenen und die Rezeption seines Lebens bei seinen Angehörigen greifen ineinander, wie es z. B. im Ankleiden des Verstorbenen ersichtlich wird: Hat er nicht zu Lebzeiten festgelegt, was »sein letztes Hemd« sein soll, wird es – will man diese Entscheidung nicht dem Bestattungsinstitut überlassen – zur Aufgabe der Angehörigen, die Bekleidung festzulegen, die zum Verstorbenen passt. In der Entscheidung darüber, ob seine alltägliche Garderobe, ein festlicher Anzug, seine Berufs- oder Sportkleidung gewählt wird, erleben die Menschen am Totenbett ihre Nähe (»Ich bin ganz sicher: Dieser Anzug würde ihm auch gefallen.«) oder ihre Distanz (»Ich weiß gar nicht, in welchem Outfit er wirklich er selbst gewesen ist.«) zu dem Toten und bringen damit auch ihren eigenen Weg mit ihm zum Abschluss.

Schmuck und andere bedeutsame Gegenstände des Toten übernehmen

Der Abschied und der Neubeginn greifen auch ineinander, wenn bedeutsame Gegenstände wie der Schmuck des Verstorbenen von seinen Angehörigen übernommen werden. So lässt es sich mit großer Achtsamkeit und Ruhe zelebrieren, wenn ein Ring vom Finger des oder der Toten abgestreift und an eine/n Angehörigen weitergegeben, vielleicht sogar ihm oder ihr angelegt wird. Manchmal wird das Schmuckstück durch die Hände aller anwesenden Betroffenen weitergereicht: So ist der Ehering des verstorbenen Elternteils oder eine Kette als Andenken an einen besonderen Tag im Leben des Toten auch Anlass zur Erinnerung an die eigenen Wurzeln und das eigene vergangene Leben. Mit der Überreichung oder der Übernahme kann auch ein Auftrag verbunden sein, z. B. eine bestimmte Rolle innerhalb der Familie (Siegelring) zu übernehmen. Auch hier braucht es das Nachfragen der Begleitenden: Wäre es gut, das Schmuckstück hier zu behalten? Soll ich den Ring abnehmen oder willst du das selbst tun? Das ist eigentlich nichts, was man erst dem Bestatter überlassen muss!

Neben Schmuck können auch materiell weniger wertvolle Gegenstände aus dem vormaligen Krankenzimmer weitergegeben bzw. übernommen werden, z. B. eine Uhr, eine Vase, ein Bild, ein Kreuz. Auch hier ist die Übernahme ein kleiner Mosaikstein in dem Prozess des Hinterbliebenen, dem oder der Verstorbenen einen neuen Platz im eigenen Leben zu geben: Die Lieblingsvase der Großmutter, zuvor im Sterbezimmer, jetzt auf dem Tisch der Enkelin stehend, erinnert sie an die Verstorbene, gleichzeitig an den Auftrag, mehr Blumen in ihr Leben zu holen. Das Kreuz, das Gebetbuch, die Bibel vom Nachttisch des Sterbebetts, zuvor Andachtsgegenstand des verstorbenen Vaters, erinnert an ihn und seinen religiösen Weg, ruft aber auch die Frage nach der eigenen Spiritualität wach, wenn der Sohn es an sich nimmt.

Musizieren und Musik hören

Beim Kölner Weltjugendtag 2005 sind Hunderte Menschen, die der Gemeinschaft von Taizé nahe stehen, in der St. Agnes-Kirche zum nächtli-

chen Singen von Taizé-Gesängen versammelt, als die Nachricht von der Ermordung Frère Rogers überbracht wird. Nach einem kurzen Moment der Stille setzt beim Läuten der Kirchenglocken der Gesang wieder ein wie zuvor: »In manus tuas …« (»In deine Hände lege ich meinen Geist«). Die Entscheidung für die Fortsetzung des Gesangs erscheint zunächst pietätlos: Darf gesungen werden, wenn gerade jemand (noch dazu durch Gewalt) gestorben ist? Durch die Lieder hindurch ist das Weinen vieler Anwesender zu hören; sie können jetzt nicht singen. Dann aber ist es stimmig: Das, was vorher zu Frère Roger gehört hat, bleibt auch nach seinem Tod und konstituiert die Gruppe neu, die sich in Gesang und Gebet findet und ihren Weg weitergeht.
Diese Erfahrung bringt ins Bild, was auch häufig bei Übergängen im privaten Raum geschieht: Sterbende wünschen sich von den Umstehenden fortlaufendes Gebet (z. B. Psalmen, Rosenkranz), kontinuierliches Singen von Liedern, die sie lieben, oder das Abspielen bestimmter Musik. Manche Angehörige setzen ihr Gebet oder ihren Gesang nach dem letzten Atemzug des Sterbenden fort, manchmal recht lange. Diese Praxis macht vielleicht etwas fühlbar von der bleibenden geistigen, geistlichen Verbundenheit mit dem Toten, die nicht mit dem Tod endet. In solchen Momenten erfahren Menschen – und so drücken sie es selbst aus – Heiligen Geist, der mit dem Verstorbenen vereint! Lieder und Gesten mögen manchmal vielleicht auch vor allem dazu dienen, die eigene Unsicherheit zu übergehen oder zu überwinden: Die Trauernden halten sich an den Texten oder Melodien fest. Auf einer tieferen Ebene richtet sich die Botschaft des Gesprochenen, Gesungenen oder Gehörten jetzt an sie selbst und eröffnet ihren Weg ohne den Toten.

Essen, trinken, rauchen

Das Mahl am aufgebahrten Leichnam, wie wir es aus anderen Kulturen kennen, ist in Mitteleuropa im Allgemeinen nicht üblich, und viele Betroffene scheuen sich, im Zimmer, in dem eine Tote oder ein Toter liegt, auch nur ein Glas Wasser zu trinken, sich mit Essen und Trinken, mit dem Notwendigen und dem Überfluss zu versorgen, während der Verstorbene daran nicht mehr teilhaben kann. Diese Scheu ist nicht notwendig, im Gegenteil – die Aufklärung über die Sicherheit vor »Leichengift«

tut manchmal Not und kann hilfreich sein: Der oder die Tote verströmt unmittelbar nach dem Sterben keine giftigen, gefährlichen Gase.
Der Genuss fällt den Angehörigen leichter, wenn er sie mit dem Verstorbenen verbindet: Der Verstorbene war ein starker Raucher. Nach und nach zünden sich seine drei erwachsenen Kinder, selbst Raucher, um das Totenbett herum sitzend, eine Zigarette an. *»Das würde Papa gefallen, wir rauchen ein Friedenspfeifchen an seinem Bett.«* – Nach einer durchwachten Nacht am Sterbebett nehmen die Angehörigen der Verstorbenen nach einigem Zögern gern angebotenen Kaffee und Plätzchen zu sich. *»Ja, Mutter, jetzt trinken wir unseren Kaffee ohne dich und erinnern uns an die vielen gemütlichen Nachmittage bei dir.«*
Die Aufgabe von Begleitenden ist es hier häufig, Erlaubnisse zu geben: Es ist in Ordnung, im Sterbezimmer zu verweilen, zu essen, zu trinken, zu rauchen – Lebensvollzüge, die so zum letzten Mal »mit« dem Verstorbenen praktiziert werden. Das kann so unterschiedlich aussehen, wie wir Menschen unterschiedlich sind. Pietätlos wird es unseres Erachtens da, wo der Verstorbene nicht maßgebend für die begangene Situation ist. Und es kann sicher auch Momente geben, in denen von Begleitenden gefordert ist, Anfragen zu stellen und Grenzen zu ziehen. Als Reisebegleiter kann er oder sie aber eben nur »Tipps« geben, Routen empfehlen, Hinweise wahrnehmbar machen – den Weg bestimmen letztlich die Nahestehenden.

Blumen, Kerzen, Räucherwerk bereitstellen

Blumen, Kerzen und Räucherwerk symbolisieren die Schönheit des Lebens, die durch unsere Sinne geht, gleichzeitig ihre Vergänglichkeit: Die Blumen verwelken, die Kerze schmilzt, das wohl riechende Aroma verflüchtigt sich. So haben sie am Bett des Toten einen besonderen Platz. Mit ihnen schmücken die Angehörigen vor der Aufbahrung und der Bestattung zum letzten Mal den toten Körper des Verstorbenen und bringen damit ihre Liebe und Verbundenheit zum Ausdruck. Auch hier lassen sich der Übergang des Verstorbenen und die dadurch eröffnete neue Situation der Angehörigen einfach und stark zum Ausdruck bringen: Die Tote hat einen bestimmten Rosenstock auf ihrem Balkon besonders geliebt. Die Angehörigen breiten Blüten dieses Strauchs auf ihrem Totenbett aus, stellen sich einen kleinen Zweig in die Vase auf ihren eigenen Tisch. Ein paar Tage nach der Beerdigung bringen sie den großen Blumentopf auf die eigene Terrasse und gedenken bei jedem Gießen ihrer Verstorbenen. – Am Sterbebett einer anderen Frau steht ein frischer Strauß Rosen. Nach ihrem Tod legt eine Hospizmitarbeitende die Hälfte der Blumen in die gefalteten Hände der Toten; sie welken langsam dahin wie der Leichnam selbst. Auf dem Nachttischchen steht die andere Hälfte des Straußes und verströmt seinen Duft – für diese Blumen und für die Angehörigen geht das Leben zunächst weiter. – Am Sterbebett brennt die Taufkerze eines Mannes, die auch die Taufkerze seiner Kinder wurde. Nach seinem Tod brennt sie weiter neben seinem Leichnam und spannt damit einen Bogen zwischen Anfang und Ende seines Lebens. Für seine Angehörigen wird sie zur Erinnerung an den Glauben ihres Vaters und an die Einladung zum neuen Leben »aus dem Wasser und dem Geist«.

Sprechen und Schweigen

Manchmal wird der letzte Atemzug des Sterbenden wie der Schlussakkord einer Symphonie empfunden. Der Moment danach ist oft sehr feierlich und wird tief erlebt. Wenn das »Konzertpublikum« das Gespür dafür zeigt, folgt seine Aufmerksamkeit lange dem Nachhall der Töne, erst nach ihrem Verklingen wird applaudiert. Viele Angehörige berichten, dass dieser Moment des schweigenden Verharrens am Totenbett ihnen viel Gelassenheit gebracht hat. Die seelischen und körperlichen Schmerzen des Sterbens haben im Tod ihren Abschluss gefunden; die Anspannung ist gelöst. Oft ist diese Erlösung in den Zügen des Toten zu sehen, manche Angehörigen empfinden ihre Toten als »so schön wie in der Jugend« oder »voller Frieden«. So ist der Anblick des Menschen unmittelbar nach seinem Tod vielen zur Kraftquelle geworden, sie sind voll Dankbarkeit für diese Begegnung. Dieser Feierlichkeit entspricht das Schweigen am Totenbett, und manchmal ist es schwer, wieder in die Sprache zurückzufinden, als müsste jetzt etwas sehr Bedeutsames gesagt werden.

Oft ist es hilfreich, wenn jemand dann nach einer Zeit der Stille behutsam Dinge ausspricht, die niemand auszusprechen wagt, wobei jeder möchte, dass sie ausgesprochen werden. Hier sind Texte hilfreich, ebenso Gesten. Die Anwesenden können sich an den Händen fassen und um den oder die Tote/n herumstehen oder -sitzen.

Manche Menschen brauchen mehr Zeit als andere Familienmitglieder oder Freunde, um mit dem Toten allein zu sein und in Ruhe Abschied zu nehmen. Es ist hilfreich, die jeweils eigenen Bedürfnisse auszusprechen und ihnen, wenn möglich, zu folgen, bzw. Bedürfnisse zu erfragen, dabei Unterschiedlichkeit zuzulassen (anzusprechen!) und dem dann Gehörten zu entsprechen.

Bei schwierigen Beziehungskonstellationen – beispielsweise Patchwork-Familien, deren verschiedene Teile keinen Kontakt untereinander haben, oder Konstellationen, in denen geschiedene und aktuelle Ehefrau und Geliebte die letzten Wochen begleitet haben – kann es die Aufgabe der Begleitenden (auch als SeelsorgerInnen) sein, den verschiedenen Beteiligten Abschiedsmöglichkeiten am Sterbebett zu eröffnen. Hier ist eine sensible Gesprächsführung oder Terminplanung angebracht. Und hier kann es auch angemessen sein, sprachlichen Ausdruck für die verzwickten Situationen und die in ihnen resultierenden emotionalen Spannungen zu suchen: im Angesicht des verstorbenen Beteiligten!

Bei »schwierigen Beziehungen«, z. B. spürbaren Konfliktsituationen zwischen Eltern und Kindern, stehen dem Fühlen und dem Ausdruck der Trauer nach dem Sterben, die die Anspannung lösen könnten, noch »offene Rechnungen« im Weg. Auch hier kann eine Aufgabe von Begleitenden darin liegen, beim Sterben »Dinge abzuschließen«: Der schwierige Lebensabschnitt mit dem Toten »stirbt« (im positiven Fall) für den Zurückbleibenden.

Darf man jetzt einem Verstorbenen noch einmal »so richtig die Meinung sagen«? Darf man endlich das aussprechen, was schon immer unter der Oberfläche brodelte, jetzt, wo der Tote den Redeschwall nicht mehr unterbrechen kann?

Erfahrene SterbebegleiterInnen berichten von solchen Prozessen: Auf den Ausdruck der Enttäuschung, der Wut, des Ärgers folgt oft das Aufbrechen tiefer Trauer, zu der der Angehörige zuvor keinen Zugang hatte. Auf die immer wieder vom medizinischen Personal geforderte »Wahrhaftigkeit am Sterbebett« folgt die Herausforderung der »Wahrhaftigkeit am Totenbett«, die die Atmosphäre reinigen und das Weiterleben maßgeblich beeinflussen kann. Manchmal kann das die Einladung des Begleitenden zum lauten Sprechen sein, manchmal dazu, im Angesicht des Toten einen Brief zu schreiben, den man ihm oder ihr dann mitgibt. Und auch hier

gilt es natürlich, sensibel mitzubekommen, wo ich als Begleitende gefragt bin dazubleiben, zu unterstützen, Halt zu geben im Tun, und wo ich den anderen allein zu lassen habe.
Ebenso wie man zum Schimpfen, zur Klage Raum eröffnen kann, lassen sich Angehörige ermutigen, ihren Dank an den Verstorbenen offen auszusprechen oder Erinnerungen an gemeinsame Erlebnisse mitzuteilen bzw. auszutauschen. Das kann der Beginn einer Erzählgemeinschaft sein, die angesichts des Verlusterlebnisses den Reichtum der jetzt abgeschlossenen Lebensphase zum Ausdruck bringt und die einen Grundstein legt für die bleibenden Bindungen an den Verstorbenen, wie sie von heutiger Trauerforschung als maßgeblich für den Trauerprozess verstanden werden.
In schriftlicher Form können ein Kondolenzbuch oder (bunte) lose Blätter, beschriftet und beim Leichnam ablegt, Dank und Erinnerung aufnehmen. Alle, die zum Abschied kommen, können eingeladen werden, ein paar Sätze aufzuschreiben. Das erleichtert vielleicht auch den Moment des Verweilens. So ein Kondolenzbuch kann bei der Bestattung wieder aufgegriffen werden und die Hinterbliebenen in der Würdigung ihres Angehörigen und ihrem Abschiedsprozess unterstützen. Es kann zu einem Trostbuch werden.

Zeit haben

Sterben ist ein Prozess. So ist nicht mit dem letzten Atemzug gewissermaßen der Stecker herausgezogen und die Maschine Mensch abgestellt; die einzelnen Zellen sterben nach und nach. Es kann wohltuend sein, in diese Langsamkeit einzutreten und dafür Raum zu finden, auch wenn der Klinikalltag mit seiner Betriebsamkeit diesem Wunsch in vielen Fällen im Wege steht. In manchen Krankenhäusern stehen Verabschiedungszimmer zur Verfügung, in denen die Angehörigen ohne enge zeitliche Begrenzung bei ihrem Toten verweilen können. Begleitende sollten wissen, ob und in welchem Umfang Angehörigen Zeit für das Abschiednehmen gewährt wird. Angehörige sollten beispielsweise darüber informiert werden, dass es möglich ist, den Toten vom Krankenhaus noch einmal nach Hause zu holen. In vielen Bundesländern darf 36-48 Stunden aufgebahrt werden, ohne dass dazu eigene Genehmigungen des Ordnungsamtes nötig sind. Jedenfalls erfährt man die genauen Fristen beim zuständigen Ordnungsamt und meist auch beim Bestattungsunternehmen.

Wachen und schlafen

Für Angehörige kann es wichtig sein, die letzte Nacht im Zimmer des Verstorbenen zu verbringen. Scheuen Sie sich nicht dazu einzuladen! Auch die Totenwache kann helfen, den unfassbaren Tod zu bewältigen. Sie ist in den orthodoxen Kirchen geradezu ein Muss für die Angehörigen. Die Seele des Verstorbenen wird in dieser Vorstellungswelt auf dem ersten Wegstück mit Gebeten und Liedern begleitet.
Informieren Sie in Ihren Einrichtungen darüber, ob solche Totenwache bei Ihnen möglich ist (oder warum nicht) und ob und wie Sie (die Seelsorge oder Ehrenamtliche) Menschen bei der Totenwache unterstützen.

Erschwerte Verabschiedung: Rituale und symbolische Handlungen ohne Totenbett

Karolin Küpper-Popp/Ida Lamp

Auch wenn der Vorgang des Sterbens mit Schmerzen und mit innerer wie äußerer Dramatik verbunden sein kann, auch wenn die Art der medizinischen Versorgung und die entsprechende Umgebung ihn fremd und »unnatürlich« erscheinen lassen: Die Präsenz am Totenbett gibt den Angehörigen Gelegenheit, sich zu sammeln und in Ruhe vom Verstorbenen, auch von seinem Leib, Abschied zu nehmen.

Wenn eben dieser leibliche Bezug aus verschiedensten Gründen fehlt, kann von *erschwerter Verabschiedung* gesprochen werden:

- wenn der Körper des/der Toten auf dessen/deren Wunsch der medizinischen Forschung zur Verfügung gestellt wird,
- wenn dem/der Toten Organe für eine Transplantation entnommen werden,
- wenn nach einem Suizid oder nach Mord oder Totschlag der Leichnam umgehend der gerichtsmedizinischen Untersuchung zugeführt wird und lange dort verbleibt,
- wenn nach dem Tod durch Unfall, Feuer, Ertrinken der tote Körper zerstört oder nach Straftaten nicht auffindbar ist,
- wenn die Mutter oder die Eltern nach einem Abbruch der Schwangerschaft das Kind, das sie verloren haben, nicht sehen oder berühren können.

Allen diesen sehr unterschiedlichen Situationen ist gemeinsam, dass es für die Angehörigen kein Totenbett als ersten Ort der Trauer oder des Erwachens der Trauer gibt.
Der oder die Verstorbene kann *als Tote/r* nicht oder nur für sehr kurze Zeit berührt werden; dadurch fehlt den *Betroffenen* eine wesentliche Hilfe für die Realisierung des tatsächlich eingetretenen Todes als ersten wichtigen Schritt der Trauerarbeit. Außerdem entgeht ihnen der sinnliche Zu-

gang zu ihrer neuen Situation, den Rituale und symbolische Handlungen am Totenbett eröffnen können.

Begleitende brauchen besondere Sensibilität, manchmal besondere (therapeutische) Qualifikation oder viel Erfahrung im Umgang mit Betroffenen, die wir an dieser Stelle nicht in angemessener Weise thematisieren können.

Wichtig erscheint uns, dass die Hinterbliebenen einen Ort ihrer Trauer finden und intensive Formen entwickeln, in denen sich ihre Beziehung zu dem/der Toten – manchmal öffentlich – ver*leib*licht. Der nicht-erlebte Kontakt mit dem Leib der/des Toten lässt sich nicht ersetzen; in ihm liegt ein Verlust, der den eigentlichen Verlust des Verstorbenen noch steigert. In einer Inschrift, in einem Erinnerungsbuch und vielfältigen anderen Formen der Symbolisierung kann er möglicherweise würdiger gestaltet und angemessener bewältigt werden.

Verabschiedung: Verschiedene Einrichtungen/ spezielle Zielgruppen

Der Tod wohnt im Zimmer nebenan – Veränderungen im Prozess des Abschiednehmens im Franziskus-Hospiz Hochdahl

Ida Lamp

Das Franziskus-Hospiz Hochdahl ist ein stationäres Hospiz und ein ambulanter Palliativdienst in Erkrath, das als eines der ersten Hospize in Deutschland 1995 seine Pforten aufmachte.
Es gab im Hospiz einen eigenen Aufbahrungs- und Verabschiedungsraum, der jedoch in der ersten Zeit nicht genutzt wurde, weil es gut möglich war, die noch kleine Zahl der Bewohner in ihren Zimmern zu belassen, bis der Bestatter sie einsargte. Dann war aus dieser Praxis rasch eine scheinbar gute Gewohnheit geworden, die niemand mehr so schnell aufgeben wollte. Es war halt immer so …
Die Seelsorge im Hospiz als Teil des Leitungsteams gab den Anstoß für eine Neubesinnung. Die Nutzung des Raumes könnte Angehörigen und Freunden eine Station auf dem Weg des Abschieds werden und Mitarbeitenden ein sichtbareres Ende ihres Dienstes vermitteln, ohne auf eine Verabschiedungszeit zu verzichten. Die Geschäftsführung beauftragte eine Projektgruppe, ein neues Konzept für die Gestaltung der Zeit nach dem Versterben eines Bewohners zu erarbeiten. Dabei spielten von Seiten der Geschäftsführung durchaus auch wirtschaftliche Erwägungen eine Rolle. Der Aufbahrungsraum als *vorhandener* Raum sollte genutzt werden, um eine schnellere Zimmerbelegung zu ermöglichen. Die Seelsorge hatte eher im Blick, dass mit der Zwischenstation Verabschiedungsraum der Abschied bewusster gestaltet werden könnte. Es hatte zwar schon immer eine gemeinsame jährliche Gedenkfeier gegeben und da und dort auch Feiern der Mitarbeiterinnen. Die Angehörigen jedoch waren nicht eigens zum Abschied, zu einer gestalteten Form, einem Ritual, einer christlichen Liturgie eingeladen worden. Die Pflege hatte im Sinn, dass mit der Nutzung des Aufbahrungsraumes einerseits ihr ureigener Raum verlassen

würde – der Aufbahrungsraum hatte schon den Nimbus von Bestattung. Andererseits aber überlegten einige, dass vielleicht die innere Freigabe eines Bewohnerzimmers leichter zu vollziehen wäre, wenn man selber im Haus einen Schritt aus dem Zimmer heraus mitvollziehen könne.
So wurde in einem interdisziplinären Team aus Pflege, Seelsorge und Ehrenamt ein Prozess in Gang gesetzt, der der Implementierung des Verabschiedungsraumes einerseits und dem bewussteren Abschied von Bewohnern – für Angehörige, Freunde und Mitarbeitende – andererseits dienen sollte.
Über einen Zeitraum von letztlich mehr als einem Jahr wurden Gespräche mit allen haupt- und ehrenamtlichen MitarbeiterInnen geführt, Standards zum Umgang mit Verstorbenen vereinbart, Informationsmaterialien zu Krankensalbung und Aufbahrung entwickelt und eine Mappe zum Begehen des Abschieds für dafür zuständige Mitarbeiterinnen im Hospiz erarbeitet. (Aus diesen Bemühungen ist letztlich dieses Buch hervorgegangen. Und so sei an dieser Stelle allen herzlich gedankt, die sich auf den Prozess eingelassen haben und die sich bis heute bemühen, dem Toten ebenso würdevoll zu begegnen wie dem Lebenden.)

Eine Prozessdokumentation kann angefordert werden im Franziskus-Hospiz Hochdahl, Trills 27, 40699 Erkrath. Wenden Sie sich an die Geschäftsführung.

Umgang mit Verstorbenen und deren Angehörigen im Hospiz

Ida Lamp

Die folgenden Anregungen zur konkreten Gestaltung der Situation nach dem Versterben eines Menschen orientieren sich an dem Konzept, das im Franziskus-Hospiz Hochdahl entwickelt wurde. Wenn Sie sich dieses Vorgehen – angepasst an Ihre eigene Situation – sowohl für die Mitarbeitenden zu Eigen machen wollen, ist es sinnvoll, es als Checkliste im Qualitätshandbuch festzuhalten oder auch es in einem kleinen Faltblatt für Angehörige als Orientierungshilfe herauszugeben.
Beschreiben Sie zunächst, was unmittelbar nach dem Eintreten des Todes in Ihrer Einrichtung geschieht. Informieren Sie darüber, wie lange ein Verstorbener auf dem Zimmer bleiben kann. Machen Sie aufmerksam auf eigene Räume für den Abschied. Orientieren Sie über die zeitliche und organisatorische Abfolge, vom Ausstellen des Totenscheins bis zum Einsargen durch den Bestatter, wie es in Ihrer Einrichtung üblich ist. Sagen Sie, wobei Sie unterstützen und was Aufgabe der Angehörigen ist. Die Regelungen für die Aufbahrung sind in den verschiedenen Bundesländern unterschiedlich. In Rheinland-Pfalz können Verstorbene 72, in NRW 36 Stunden zu Hause bzw. an ihrem Sterbeort aufgebahrt werden. Beispielsweise könnten Sie über die hausinterne Regelung in Kenntnis setzen, aber auch sagen, ob und wie eine häusliche Aufbahrung möglich ist.
Setzen Sie – über die unmittelbare Situation des Todes hinaus – darüber in Kenntnis, wenn es eigene Orte und Formen des Gedenkens gibt, wie beispielsweise Internet-Seiten, Gedenkecken, Gedenkgottesdienste usw.
Im Franziskus-Hospiz Hochdahl wurde Folgendes festgehalten:

Nach Eintritt des Todes

- Mitteilung an die Angehörigen, sofern sie nicht anwesend sind, erfolgt möglichst umgehend.

Bis zum Eintreffen der Angehörigen wird der Verstorbene in seiner Position belassen. Evtl. ausgetretene Körperflüssigkeiten – Erbrochenes, Blutungen, Wundsekret – werden entfernt oder abgedeckt.

- Information an den Arzt erfolgt durch das Pflegepersonal möglichst umgehend.
  Der Gesetzgeber schreibt vor, dass die so genannte Leichenschau durch den Arzt zeitnah durchgeführt werden muss. Der Arzt stellt den **Totenschein** aus (Die Kosten dafür zahlt nicht die Krankenkasse, sie erscheinen auf der Rechnung des Bestatters.).
- Es wird ein Öllämpchen im Zimmer angezündet.
- Eingetroffene Angehörige werden von der Dienst habenden Pflegekraft in Empfang genommen. Es wird besprochen, ob sie allein oder in Begleitung den Verstorbenen aufsuchen. Je nach Situation machen die Pflegekraft, die Seelsorgerin, Ehrenamtliche Mut, den Verstorbenen anzuschauen, Körperkontakt aufzunehmen, sich dazuzusetzen und zu verweilen, allein zu bleiben. Sie bieten Begleitung und ebenso Zurückhaltung an! So akzeptieren sie selbstverständlich auch, wenn Angehörige/Freunde das Sterbezimmer nicht mehr betreten möchten. Sie halten sich wahrnehmend im Hintergrund, um Trauernden Raum für ihre Gefühle zu lassen.
  Diese Zeit der ersten Begegnung mit dem Verstorbenen kann unterschiedlich lang sein.
- Dann folgen weitere Absprachen:
  Soll es eine letzte Wäsche geben?
  Welche Kleidung soll angezogen werden? (Manchmal hängt das »Totenkleid« bereits im Schrank.)
  Möchten Sie sich in die Aktivitäten einbringen, möchten Sie zuschauen oder im Wohnzimmer warten?
  Sollen wir einen Pfarrer, eine Pfarrerin rufen? Eine/n Vertreter/in Ihrer Gemeinde oder religiösen Gemeinschaft?
  (Oft sprechen Angehörige, deren Angehörige schon sehr lange im Hospiz sind, bereits vorher mit Haupt- oder Ehrenamtlichen über diese Fragen.)

Die folgenden Stunden

- Die Totenstarre beginnt zwei bis drei Stunden nach dem Tod; nach zwei bis drei Tagen löst sie sich.
- Die Mitteilung an das Bestattungsunternehmen ist Sache der Angehörigen.
- Im Zimmer räumen die Pflegekräfte alles weg, was an Pflegeutensilien dasteht; Schläuche, Infusionen usw. werden entfernt.
  Der Tote wird – zusammen mit Angehörigen – versorgt, das bedeutet, ein letztes Mal gewaschen, gekämmt, geschminkt und angezogen.
- Der Verstorbene kann bis zu 36 Stunden in der Einrichtung bleiben. Dann wird die Einsargung vorgenommen.
- Dieser »Raumwechsel« kann auf Wunsch mit einem Ritual (einer Verabschiedung/Aussegnung) begangen werden – ein Schritt auf dem Weg des Abschiednehmens für Angehörige, Freunde und auch für MitarbeiterInnen, die den Verstorbenen gepflegt und begleitet haben.
- Der Verabschiedungsraum wird zusammen mit den Angehörigen vorbereitet – mit Bildern, persönlichen Dingen, Kerzen, Blumen, religiösen Symbolen.
- Während dieser 36 Stunden, in denen ein Verstorbener in unserer Einrichtung aufgebahrt ist, können Trauernde ihren Bedürfnissen entsprechend ein- und ausgehen. Falls das nötig ist, stehen Menschen zur Begleitung der Trauernden oder zur Unterstützung der Totenwache zur Verfügung.
- Auch für die Haupt- und Ehrenamtlichen, die jetzt erst ihre Dienste antreten oder die die Information über den Tod erhalten haben, besteht während dieser letzten Stunden die Gelegenheit, sich zu verabschieden.
- Es wird ein Namenskärtchen geschrieben und ein Öllämpchen angezündet (von Haupt- oder Ehrenamtlichen oder auch von den Angehörigen selbst) und im »Raum der Stille« aufgestellt. Beides bleibt bis nach der Beerdigung bzw. sieben Tage lang stehen.
  Im Laufe der nächsten Tage wird der Name der Verstorbenen mit Sterbedatum in ein »Buch des Lebens« eingetragen, das zum Gedenken in unserem »Raum der Stille« ausliegt.
- Der oder die Verstorbene wird vom Bestatter mit einem Sarg abgeholt und durch den Haupteingang zum Leichenwagen gebracht. Einer von

den diensthabenden MitarbeiterInnen ist dabei anwesend und gibt dem Sarg Geleit.

Es ist hilfreich, die Angehörigen darüber zu informieren, dass der/die MitarbeiterIn diese Aufgabe übernimmt. Angehörige können selbstverständlich beim Einsargen anwesend sein, wenn sie das möchten, und werden dabei nach Möglichkeit vom Pflegepersonal oder der Seelsorge begleitet. Manchmal kann das anwesende Pflegepersonal oder jemand, der aus dem Kreis der Freunde des/der Toten dazugerufen wurde, es übernehmen, in der Zeit, in der der Leichnam abgeholt wird, bei den nächsten Angehörigen zu verweilen.

Sowohl im Qualitätshandbuch als auch in einer Information für Mitarbeitende oder in einer Handreichung für Ihre Klientel könnten weitere Hinweise über Bestattung und Gedenken stehen.

Bestattung

Hier könnten Regelungen Ihrer Einrichtung stehen: Z.B. Nehmen Pflegekräfte, Ehrenamtliche an der Beerdigung teil? Unterstützen Sie die Vorbereitung der Beerdigung? Kennen Sie Seelsorger/innen, auf die Sie verweisen können? Usw.

Gedenken

Hier könnte stehen, ob man in Ihr Haus zum Gedenken kommen kann, ob es einen Termin für eine allgemeine Gedächtnisfeier gibt u.Ä.

Beispiele anzufordern bei:
St. Josef-Krankenhaus (Hg.), Petra Hohnsbein, Eine Hilfe zur Begleitung in den letzten Wochen und Tagen des Lebens, Neunkirchen 2002. St. Josef-Krankenhaus Neunkirchen, Langenstrichstraße 44, 66538 Neunkirchen.
Infoblatt im Qualitätshandbuch Pflege des Franziskus-Hospiz Hochdahl, Trills 27, 40699 Erkrath.

Abschiedsrituale nach dem Versterben eines Patienten im Malteser Hospiz St. Raphael, Duisburg

Sylvia Landmann-Frankenbusch

Stirbt ein Patient, so gehen wir sehr behutsam mit dem Leichnam vor. Bei der Waschung des Verstorbenen hat die Pflegekraft die Gelegenheit, sich zu verabschieden. Der Patient wird nach Wunsch angezogen, bekommt Blumen/ein Bild/ein Stofftier, einen Rosenkranz oder ein Kreuz in die Hand, und er bekommt ein frisches Laken, auf dem Blütenblätter verteilt werden.

Das Zimmer wird aufgeräumt und auf dem Tisch wird eine Kerze (in einem Windlicht) angezündet.

Wenn Angehörige bei dem Tod des Patienten anwesend waren, gibt die Pflegekraft ihnen die Unterstützung, die sie brauchen – z. B. mit im Zimmer bleiben, alles so lassen, wie es war, Angehörige allein lassen, mit ihnen das Zimmer verlassen.

Wenn Angehörige telefonisch benachrichtigt werden, ist es Aufgabe des Anrufenden, ihnen auch die Gelegenheit zu geben, zu weinen und die Nachricht aufzunehmen. Wenn sie dann das Haus betreten, werden sie von der Pflegekraft empfangen. Wenn die Angehörigen ihren Verstorbenen sehen möchten, werden sie ins Zimmer begleitet und ggf. auch allein gelassen, bis sie sich verabschiedet haben. Angehörige haben in unserem Hause die Möglichkeit sich über zwei Tage zu verabschieden, bis der Bestatter kommt.

Auf dem »Abschiedstisch« wird ein Bilderrahmen mit einem schönen Motiv, dem Namen des Verstorbenen und dem Todesdatum aufgestellt. Ein Windlicht wird angezündet und Blumen werden auf den Tisch gestellt. Der Bilderrahmen bleibt bis zur hausinternen »Verabschiedung« stehen, die einmal wöchentlich für die Mitarbeiter des Teams im Raum der Stille stattfindet, um sich sowohl von den stationär als auch von den ambulant verstorbenen Menschen zu verabschieden. Dieses Ritual ist ein Angebot, es fällt für die, die es nutzen, in die Dienstzeit und gilt als solche.

Zweimal jährlich werden die Angehörigen zu einer Gedenkfeier eingeladen. Die meisten Angehörigen nehmen die Gelegenheit noch einmal wahr, sich auch von uns zu verabschieden. Zunächst findet eine kurze Meditation statt, anschließend werden alle Verstorbenen namentlich genannt und die Angehörigen haben die Möglichkeit, selbst eine Kerze anzuzünden, oder ein Teammitglied zündet die Kerze an. Anschließend haben alle in gemütlicher Runde die Gelegenheit, miteinander zu sprechen bei Kaffee und Gebäck.

An dieser Veranstaltung ist die Teilnahme der Mitarbeiter freiwillig, die Organisation liegt bei Haupt- und Ehrenamtlichen. Für die hauptamtlichen Organisatoren wird eine Arbeitsstunde berechnet.

Literatur zum folgenden Beitrag:

ALPHA (Hg.), Den letzten Weg gemeinsam gehen. Sterben, Tod und Trauer in Wohneinrichtungen für Menschen mit geistigen Behinderungen, Alpha-Westfalen 2002.

ALPHA (Hg.), Werd ich ein Stern am Himmel sein. Alpha-Westfalen 2004.

Bundesvereinigung Lebenshilfe für Menschen mit geistiger Behinderung (Hg.), Bäume wachsen in den Himmel. Lebenshilfe-Verlag Marburg 2003.

Luchterhand, Charlene, Wenn Menschen mit geistiger Behinderung trauern. Beltz, München 2001.

Verabschiedung in Einrichtungen für Menschen mit (geistigen) Behinderungen

Gerlinde Dingerkus

Im Grundsatz unterscheiden sich die Verabschiedungsrituale von Bewohnerinnen und Bewohnern in Wohneinrichtungen für Menschen mit geistigen Behinderungen nicht wesentlich von denen anderer stationärer Einrichtungen. Entscheidend ist immer die Haltung des Hauses, das um die Notwendigkeit eines guten Abschiedes für die Bewältigung eines Verlustes weiß und sich bewusst ist, dass das oftmals einen unkonventionellen Umgang mit (Arbeits-)Zeiten, Abläufen oder Umgangsformen erfordert.
Die Verabschiedung eines verstorbenen Bewohners/einer Bewohnerin in einer Einrichtung für Menschen mit Behinderungen ist abhängig vom Einrichtungskontext (Wohngruppe, Wohngemeinschaft, …) und von dessen Lebenskontext: Wie lange war er/sie in der Einrichtung? Wie ist der Kontakt zu den Eltern und Geschwistern? Konnten Wünsche für die Verabschiedungsrituale mit dem Bewohner vorher bereits besprochen werden? In Abhängigkeit davon, ob ein Bewohner/eine Bewohnerin krank war oder plötzlich verstorben ist, gibt es für den Abschied möglicherweise unterschiedliche Bedürfnisse von Seiten der Verwandten, Angehörigen, der Mitarbeitenden und der Mitbewohner und -bewohnerinnen.

Die Verwandten

Die Familie des verstorbenen Bewohners hat bereits einen Abschied erlebt, als ihr ›Kind‹ von zu Hause wegzog. Auf diese Krisenkompetenz können die Betroffenen im jetzigen Prozess zurückgreifen. Die Einrichtung wurde zum Zuhause, und viele der anderen dort lebenden und arbeitenden Menschen wurden wichtige Bezugspersonen. Die Entscheidung über die Art der Verabschiedung wird ggf. nicht nur von ihnen gefällt, sondern ist ein gemeinsamer Prozess mit allen Beteiligten.

Die Mitarbeitenden

Sie haben über die Jahre eine enge Beziehung zu den einzelnen Bewohnerinnen und Bewohnern entwickelt. Sie wissen vielleicht, welche Bilder von Abschied und Tod der Verstorbene hatte, wer ihm wichtig war, welche Wünsche er hatte. Sie wissen auch, welche Beziehungen die Bewohner untereinander hatten und für wen ein guter Abschied besonders wichtig ist. Sie sind selber sehr traurig und benötigen neben den gemeinsamen auch eigene individuelle Abschiedsrituale.

Die Mitbewohnerinnen und Mitbewohner

Menschen mit geistiger Behinderung verstehen oft mehr von Abschied und Tod, als es ihnen zugeschrieben wird. Es ist wichtig, klare Worte zu benutzen: Statt ›sie hat uns verlassen‹ oder ›sie ist eingeschlafen‹ ist es besser, zu sagen: ›Sie ist gestorben‹. Um Abschied nehmen zu können, muss der Tod begreifbar sein, Ausdrücke wie ›einschlafen‹ oder ›verlassen‹ vermitteln den Eindruck, dass die Verstorbene nur vorübergehend fort ist und wiederkommen könnte.

Die Verabschiedung eines Verstorbenen in einer Behinderteneinrichtung sollte aber insbesondere berücksichtigen:
Die Begreifbarkeit des Todes mit vielen Sinnen
Den Mitbewohnerinnen und -bewohnern kann (ggf. in Begleitung) ermöglicht werden, den Verstorbenen in seiner Reglosigkeit zu sehen (visuell). Das heißt, dass der Bewohner so lange aufgebahrt sein sollte, dass vielen Mitbewohnern die Möglichkeit eines ›letzten Besuches‹ ermöglicht wird. Es kann ihnen – wenn sie es möchten – die Berührung des Verstorbenen ermöglicht und damit die Veränderungen des Körpers nahe gebracht werden, was für alle, aber insbesondere für Sehbehinderte oder Erblindete besonders wichtig ist (kinästhetisch).
In einer Einrichtung verstarb eine Bewohnerin, die für ihr Leben gern Eierlikör getrunken hatte. Für die Mitbewohner war dies eine besondere Art des Abschiedsrituals, ein Glas Eierlikör in Gedanken an oder ›auf das Wohl‹ der Verstorbenen zu trinken (gustatorisch).
Begreifbarer wurde der Tod einer anderen Bewohnerin auch dadurch, dass nach dem Abendbrot alle Bewohner zusammengesessen haben und

noch einmal gemeinsam das Lieblingslied der Verstorbenen gehört haben (auditiv). Das Lied so zu hören – und die Verstorbene war nun nicht mehr dabei! –, das machte die Mitbewohner sehr traurig und ihnen damit gleichzeitig sehr deutlich, dass sie körperlich nun wirklich nicht mehr da ist, aber andere Dinge von ihr bleiben.
Eine Videoaufnahme der Beerdigung (nur in Absprache mit den Angehörigen) kann nicht nur für diejenigen hilfreich sein, die nicht an der Beerdigung teilnehmen können. Sie ermöglicht auch, die Abläufe und das Gesprochene im Nachhinein ggf. mehrmals zu kommentieren, zu erklären und somit verständlicher zu machen.
Sollten Angehörige die Mitbewohnerinnen und -bewohner sowie die Mitarbeitenden bei der Beerdigung ausschließen (ggf. allein schon durch die Entscheidung für einen zu weit entfernt liegenden Friedhof), so ist die Gestaltung einer eigenen Trauerfeier sinnvoll.

Die Mitsprachemöglichkeit

Die gemeinsame Gestaltung einer Todesanzeige gibt die Gelegenheit, nicht nur untereinander, sondern auch nach außen, z. B. gegenüber den Nachbarn oder den Mitgliedern der Gemeinde, den Abschied zu verwirklichen. Die Mitbewohnerinnen und -bewohner wissen oftmals sehr gut, was der Verstorbene gern getragen hat, welche Musik er gern gehört hat, welche Dinge ihm wichtig waren. Wenn sie mitentscheiden dürfen, was der Verstorbene im Sarg trägt oder welche Dinge in den Sarg oder in das Grab gegeben werden sollten, weil der Verstorbene sie sehr gern bei sich trug, so stärkt dies das Empfinden, dem Verstorbenen einen ›schönen‹ letzten Weg geschaffen zu haben. In die Vorbereitung für die Beerdigung einbezogen zu werden, ist ebenso hilfreich. Beginnend bei der Gestaltung der Beerdigungsfeier über die Entscheidung darüber, »Was möchte ich dann anziehen?« oder »Was möchte ich mitnehmen?« bis hin zu der Frage »Wen brauche ich in dem Augenblick an meiner Seite?«, aber ebenfalls: »Wer braucht mich an seiner Seite?«

Der Abschied von einem Menschen im Altenheim

Johannes Kochanek/Monika Wacker

Immer mehr alte Menschen sterben in einer Institution. Gerade Altenwohnheime sind ein Ort, an dem man sich mit dem Sterben von Menschen und mit möglichen Formen des Abschiednehmens auseinander setzen muss: Kaum ein Bewohner verlässt das Altenheim zum Sterben, kaum einer zieht irgendwann wieder aus. Auch ist es selten, dass Angehörige oder Freunde den Verstorbenen für den Abschied mit nach Hause nehmen.

Das Altenheim Reginenhaus in Hamm-Rhynern hat sich als katholische Einrichtung mit dem Thema Abschiednehmen auseinander gesetzt. Das Heim wird von der katholischen Pfarrgemeinde getragen, es wohnen 71 Frauen und Männer vorwiegend katholischer und evangelischer Konfession im Reginenhaus.

Im Reginenhaus gibt es seit einigen Jahren eine Arbeitsgruppe, die sich damit auseinander setzt, wie die Zeit nach dem Versterben eines Bewohners/einer Bewohnerin als Abschied gestaltet werden kann. Sie hat Folgendes vorgeschlagen:

- ➛ *Im Wohnbereich soll eine Verabschiedung des Sterbenden ermöglicht werden, vor seinem Tod und besonders auch nach dem Tod. Diese Verabschiedung braucht gerade in einem Altenheim mit zunehmender Zahl an Bewohnern/Innen mit Demenz sehr behutsame, individuelle und überschaubare Formen.*
- ➛ *Alles soll so gestaltet werden, dass für den Sterbenden, aber auch für die Abschiednehmenden eine angenehme und wohltuende Atmosphäre entsteht. Im Sterben und nach dem Tod des Bewohners/der Bewohnerin wird überlegt, ob die Atmosphäre im Sterbezimmer mit dem Lieblingsduft oder der Lieblingsmusik des/der Verstorbenen verschönert werden kann.*
- ➛ *Nach dem Eintreten des Todes soll im Haus eine Totenglocke geläutet werden.*

- *In der Nähe des Sterbezimmers soll durch ein Schild auf die Situation aufmerksam gemacht und um Ruhe gebeten werden.*
- *Orte des Abschieds sind im Reginenhaus zum einen das Bewohnerzimmer, in dem der Bewohner oder die Bewohnerin verstorben ist, zum anderen gibt es im Reginenhaus einen eigenen Abschiedsraum, der jedem offen steht, der ins Haus kommt.*
- *Ein Totenzettel, der den Tod und die Abschiedsfeier oder die Beerdigung anzeigt, wird gestaltet und im Haus ausgehängt. So erfahren alle, die das Haus betreten, dass um einen Bewohner/eine Bewohnerin getrauert wird.*
- *Das Versterben eines Bewohners oder einer Bewohnerin wird einem Mitarbeiter der Verwaltung von den Pflegenden mitgeteilt. Dieser gestaltet einen Totenzettel, der den Tod und die Abschiedsfeier oder die Beerdigung anzeigt, und hängt ihn an mehreren Stellen im Haus auf (Angehörigenbrett, Fahrstuhl, Wohnbereiche). So erfahren Mitarbeiter/Mitarbeiterinnen, Bewohner/Bewohnerinnen und alle, die das Haus betreten, dass um einen Bewohner/ eine Bewohnerin getrauert wird.*
- *Ein Foto der Bewohnerin/des Bewohners und der Totenzettel werden im Abschiedsraum ausgelegt. Außerdem liegt im Abschiedsraum ein Totengedenkbuch aus, in das Trauernde zum Abschied Wünsche und Gedanken schreiben können. Auch dient dieses Gedenkbuch als Erinnerung, denn auch nach einer längeren Zeit kann auf die Seite des Verstorbenen zurückgeblättert werden.*
- *Ein Licht, das nach draußen sichtbar leuchtet, wird im Abschiedsraum entzündet und bleibt vom Versterben bis zur Beerdigung ein sichtbares Zeichen des Abschiedes.*
- *Der Behälter zur Abholung des Verstorbenen kann mit einem von Bewohnern/Innen und Mitarbeitern/Innen gemeinsam gestalteten Leinentuch bedeckt werden.*
- *Im jeweiligen Wohnumfeld des Altenheims findet ein Totengebet statt, und am Freitagmorgen der Sterbewoche wird ein kleiner Trauergottesdienst in der Kapelle des Altenheims gefeiert.*
- *Es soll (auch noch nach geraumer Zeit) Gesprächsangebote für die trauernden Angehörigen und Mitarbeiter/Mitarbeiterinnen geben. Dabei soll es nicht nur um einen Austausch von Fotos gehen, sondern auch um ein Angebot von Sinndeutung.*
- *Von Zeit zu Zeit soll für die Mitarbeiter/Innen ein eigener Abschiedsgottesdienst gefeiert werden.*

Die Ergebnisse der Arbeitsgruppe machen zweierlei deutlich: Zum einen wird der Abschied von der Bewohnerin/dem Bewohner *in einem geschützten, intimen Raum* ermöglicht, dem Sterbezimmer: Hier herrscht eine Atmosphäre der Ruhe und Geborgenheit. Im Sterbezimmer befinden sich persönliche Gegenstände des/der Toten, hier hat er/sie seine/ihre letzten Atemzüge getan. Im Bewohnerzimmer werden wohl in erster Linie enge Kontaktpersonen Abschied nehmen: Die Angehörigen und engen Freunde, Ehrenamtliche, die die letzten Stunden begleitet haben, Bezugspflegekräfte. Hier ist es möglich, den verstorbenen Menschen zu berühren, vielleicht mögen die Angehörigen ihn oder sie selbst waschen und ankleiden.

Zum anderen Raum wird der Tod eines Bewohners oder einer Bewohnerin im Reginenhaus auch nach außen getragen. *Das ganze Haus nimmt Abschied*, allen wird bewusst gemacht, dass ein Mitglied der Hausgemeinschaft verabschiedet wird. Der Totenzettel macht dies erfahrbar, die Totenglocke hörbar, also erlebbar. In der Gestaltung eines persönlich gestalteten Leichentuchs für die letzte Ruhestätte des/der Verstorbenen wird der Abschied mit den Sinnen erfahren – der Tod wird erfasst. Der Abschiedsraum, in dem das Totengedenkbuch, ein Foto und der Totenzettel ausliegen, ist jedem zugänglich. Es herrscht eine ruhige und feierliche Atmosphäre, eine Tür verbindet den Abschiedsraum mit der Hauskapelle. Mitten im Haus befindet sich damit ein Ort, an dem Abschied ermöglicht wird.

Und der Abschied wird auch *in die Pfarrgemeinde hinausgetragen*. Wie wichtig dieser Aspekt ist, wird deutlich im Bericht des Heimleiters darüber, wie die oben genannte Arbeitsgruppe überhaupt zustande gekommen ist:

Die Pfarrgemeinde St. Regina lebt in und mit dem Altenheim Reginenhaus den Grundauftrag der Caritas oder der Nächstenliebe. Als Heimleiter bin ich daher selbstverständlich im Pfarrgemeinderat der Gemeinde vertreten.

Hier geht es in jeder Legislaturperiode darum, die Grundaufgaben der Gemeinde, Gottesdienst, Nächstenliebe und die Weitergabe des Glaubens, zu reflektieren und auf ihre Umsetzung hin zu vereinbaren. Dies geschieht in so genannten »Denkpausen«, sie werden in unserer Gemeinde in der Regel einmal im Jahr durchgeführt. Bei einer dieser Denkpausen ging es um die Erkundung neuer »pastoraler Zwischenräume« (Religionssoziologe Michael Ebertz). Eine Teilnehmerin beschrieb uns einen von ihr erfahrenen Zwischenraum mit großer Betroffenheit. Sie hatte das Sterben ihres Mannes als eine tiefe Glaubens-

krise erlebt. Sie fühlte sich gelähmt und unfähig Hilfe zu erbitten, unendlich traurig und allein gelassen vom Glauben und den Glaubenden, deren gemeinsame Hoffnung doch die Auferstehung und das ewige Leben sei.
Bestürzung und Hilflosigkeit machten sich breit. Alle begriffen: In der schwersten Phase des Lebens fehlte die Zusage des Glaubens, konnte die Glaubensgemeinschaft nicht erfahren werden. Schnell kam der rettende Gedanke des »Standardangebotes« der Kirche: Krankensalbung, Totengebet und Beerdigung mit oder ohne Requiem. Aber ebenso schnell wurde deutlich, dass diese Angebote nicht ausreichten.
Plötzlich wurde diese Frage an mich als Heimleiter des Gemeindealtenheims gerichtet. Das Altenheim als Ort der Nächstenliebe in der Gemeinde und als Haus des Abschieds habe doch sicher einen Fundus an Ritualen und menschlich nahen Formen der Begleitung in dieser Phase für den Sterbenden selbst wie für die trauernden Mitbewohner/Mitbewohnerinnen, Mitarbeiter/Mitarbeiterinnen und Angehörigen. Diese Erwartungen an ein Repertoire von Formen der menschlichen Begleitung und Ritualen in unserem Haus verblüfften mich. Natürlich wurden Tod, Abschied und Trauer in unserem Haus gelebt und begleitet, aber sie wurden zu der Zeit noch wenig reflektiert.
In einer Arbeitsgruppe, bestehend aus ehrenamtlichen und hauptamtlichen Mitarbeitern/Innen des Reginenhauses und Gemeindemitgliedern, sind dann die bereits genannten Vorschläge erarbeitet und teilweise schon umgesetzt worden. Dies ist ein großes Paket an Formen der Begleitung und Ritualen. Dass die Gemeinde das Altenheim hierbei nicht alleine lässt, zeigt sich darin, dass sich Seelsorger und ehrenamtliche Mitarbeiter/Innen ganz selbstverständlich bereit erklärt haben, bei der Umsetzung dauerhaft mitzuwirken. Dafür herzlichen Dank.
Die Frage nach Formen des Abschiedes von Angehörigen wurde aus der Pfarrgemeinde an das Altenheim herangetragen. Und gemeinsam mit der Pfarrgemeinde wurde sie angegangen, weil zum würdigen Umgang mit den Toten eben die Gemeinde gehört, die sich ja auch den Lebenden verpflichtet fühlt. Ehrenamtlich engagierte MitarbeiterInnen machen die starke Einbindung des Hauses in das soziale Netz der Pfarrgemeinde deutlich. Die BewohnerInnen des Reginenhauses werden wahrgenommen als Mitglieder ihrer Pfarrgemeinden. Und die Mitglieder der Pfarrgemeinde erleben sich selbst als eingebunden und abschiednehmend. Frauen und Männer der Gemeinde engagieren sich ehrenamtlich in der Sterbebegleitung. Sie begleiten Bewoh-

nerinnen und Bewohner in ihrer letzten Lebensphase. Nach dem Tod des Bewohners oder der Bewohnerin sind damit neben den Seelsorgern auch Mitglieder der Pfarrgemeinden in den Abschied einbezogen. Der Sterbende selbst, aber auch Angehörige und Mitarbeiter/Mitarbeiterinnen des Hauses wissen sich im Abschiednehmen in Gemeinschaft mit ihrer Pfarrgemeinde. Der Abschied von einem Menschen aus ihrer Mitte wird nicht verdrängt oder tabuisiert, sondern bewusst wahrgenommen und gestaltet. Alle können sich mit einbringen, jeder ist betroffen.

Die Gestaltung des Abschiedes im Reginenhaus befindet sich in einem Prozess. Derzeit arbeiten die ehrenamtlichen und hauptamtlichen MitarbeiterInnen des Reginenhauses an einem eigenen Qualitätsmaßstab »Sterbebegleitung und Maßnahmen im Todesfall«. In diesem Konzept sollen sich auch die bereits erarbeiteten Ergebnisse der oben genannten Arbeitsgruppe niederschlagen. Dabei soll über die einzelnen Abläufe Klarheit geschaffen werden, die genauen Zuständigkeiten sollen geklärt und Defizite aufgedeckt werden. Schlussendlich soll das Konzept im Rahmen der »Referenzmodelle zur Förderung der qualitätsgesicherten Weiterentwicklung der vollstationären Pflege 2004-2006« in Nordrhein-Westfalen als Standard in die Pflege des Hauses implementiert werden.
Befragungen der Qualitätsbeauftragten des Hauses brachten schon einige Optimierungswünsche und Verbesserungsvorschläge der (haupt- und ehrenamtlichen) Mitarbeiter/Mitarbeiterinnen ans Licht:

- ➛ *Im Reginenhaus sollen institutionelle Möglichkeiten zum Abschiednehmen für die Mitarbeiter/Mitarbeiterinnen geschaffen werden, die auch durch eindeutige Absprachen zur Arbeitszeit geregelt sind.*
- ➛ *Die Gesprächsangebote für Angehörige sollen optimiert werden, die Zuständigkeiten sollen genauer geklärt werden. Es soll für die Gespräche ein angemessener Rahmen geschaffen werden, da Gespräche »zwischen Tür und Angel« dem Anlass nicht gerecht werden können.*
- ➛ *Gesprächsangebote für Mitarbeiter/Mitarbeiterinnen bestehen derzeit eher im informellen Bereich. Es ist zu überlegen, ob hier feste Angebote und Strukturen entwickelt werden können.*
- ➛ *Abschiedsgottesdienste für haupt- und ehrenamtliche Mitarbeiter/Mitarbeiterinnen müssen noch mehr etabliert werden. Die Zuständigkeiten für*

die Vorbereitung, den Ablauf und die Durchführung der Feiern sollen genauer geklärt werden.

- *Was nach dem Versterben eines Bewohners geschehen soll, und wie eine Abschiedskultur im Reginenhaus gepflegt werden soll, muss allen Mitarbeitern/Mitarbeiterinnen noch mehr bewusst gemacht werden. Dazu sind Schulungen und Informationsveranstaltungen notwendig.*
- *Es soll überlegt werden, das Thema »Sterbebegleitung und Maßnahmen im Todesfall« in das Heimeinzugsverfahren einzubeziehen.*
- *Die Ergebnisse der Arbeitsgruppe, die ja schon vor einiger Zeit zu dem Thema gearbeitet hat, müssen den Mitarbeitern/Mitarbeiterinnen (besonders solchen, die noch nicht lange im Haus tätig sind) erst noch transparent gemacht werden.*

Die Arbeit zum Thema Abschied im Reginenhaus macht deutlich: Innerhalb einer Einrichtung eine Abschiedskultur zu entwickeln, ist ein langwieriger Prozess, und es ist von großer Wichtigkeit, dass alle Betroffenen mit einbezogen werden. Nur wenn alle wissen und annehmen, wie im Haus auf das Versterben eines Bewohners oder einer Bewohnerin reagiert wird, kann es zu einer echten Kultur des Abschiedes kommen. Dabei müssen die Betroffenen innerhalb der Einrichtung (Bewohner/Bewohnerinnen, haupt- und ehrenamtliche Mitarbeiter/Mitarbeiterinnen) genauso einbezogen werden wie das soziale Netz (Pfarrgemeinden, Nachbarschaften, …) und die Angehörigen.

Abkündigungstafel und -zettel

In jedem Altenheim lässt sich irgendwo im Eingangsbereich, im Aufzug oder in einer Gedenkecke eine Tafel anbringen, auf der der Verstorbenen gedacht wird.
Der Zettel kann mit einer freundlichen Verzierung oder einem Bibelvers geschmückt werden (»Meine Zeit steht in deinen Händen« Psalm 31,16a etwa; eine Auswahl von passenden Textstellen lässt sich leicht im PC anlegen) und so zwischen Tod und Beerdigung an die Mitbewohner/Mitbewohnerinnen erinnern.
Ein Tätigkeitsfeld auch für Ehrenamtliche!

Standards für den Abschied im Krankenhaus

Karolin Küpper-Popp

Es sinnvoll, für die seelsorgliche Begleitung am Sterbe- und Totenbett *allgemeine* Standards festzusetzen, die im Leitbildprozess des Krankenhauses vorbereitet und im Rahmen des Qualitätsmanagements in ihrem Ablauf konkretisiert werden. Die seelsorgliche Begleitung am Totenbett knüpft im Allgemeinen an die Begleitung im Sterben an; daher werden hier beide Situationen in ihrer Abfolge betrachtet.

Über folgende Schritte sollten Vereinbarungen getroffen werden:

- ➤ *Steht das Sterben bevor*, wird mit Hilfe der Patientenakte, der Pflegenden und Angehörigen geklärt, ob der/die Sterbende schon Kontakt zum/zur SeelsorgerIn hat und ob auch in der Sterbestunde seelsorgliche Begleitung und der Empfang der Sakramente gewünscht wird. Besondere Anliegen (Lesen bestimmter Texte, Beten ausgewählter Gebete etc.) können dabei geäußert werden; möglicherweise ergeben sie sich aus dem Kontakt mit den Betroffenen in der präfinalen Phase.
- ➤ Über Funk bzw. Telefon bzw. ggf. mit Hilfe der Rezeption wird der/die zuständige SeelsorgerIn gerufen:
  - Wünschen die Betroffenen die Krankenkommunion, wird der/die SeelsorgerIn oder ein von ihm/ihr beauftragte/r ehrenamtliche/r KommunionhelferIn benachrichtigt; Beichte und Krankensalbung werden vom katholischen Pfarrer gespendet.
    Der/die AnsprechpartnerIn klärt die Betroffenen bei Bedarf darüber auf, dass nicht die Krankensalbung, sondern die Krankenkommunion das Sterbesakrament der katholischen Kirche ist (»Wegzehrung«).
  - Beim Wunsch nach dem Abendmahl der evangelischen Kirche wird der/die zuständige PfarrerIn gerufen.

Ein Informationsblatt könnte über diese seelsorglichen Möglichkeiten informieren: Was ist Krankensalbung, Wegzehrung, Abendmahl; für wen sind sie; wann können sie empfangen werden; wer darf dabei sein; wer ist im Haus Ansprechpartner?

- Auch für den Fall, dass der/die Sterbende Krankenkommunion/Abendmahl nicht empfangen möchte, kann seelsorglicher Beistand gerufen werden. In Vereinbarungen mit der Klinikseelsorge muss geklärt werden, welche Ressourcen es dazu gibt und wer auf welchem Weg benachrichtigt werden kann oder soll (Neben den KrankenhausseelsorgerInnen könnten das GemeindeseelsorgerIn, ehrenamtliche HelferIn, Hospizmitarbeitende/r sein, deren Anschriften, Telefonnummern auf jeden Fall aktuell bereitgehalten werden sollten.).
  Wenn es dem Leitbild des (kirchlichen) Krankenhauses entspricht und die Klinikseelsorge über ausreichende Möglichkeiten verfügt, ist es aus theologischer wie psychologischer Sicht wünschenswert, wenn die Seelsorge nicht erst beim oder nach dem Sterben gerufen wird – der Pfarrer/die Pfarrerin möchten die Betroffenen nicht in erster Linie im Notfall allein unterstützen, sondern ihren Lebensweg in der Zeit der Krankheit überhaupt begleiten.
- *Ist der/die PatientIn gestorben*, erfragen die Pflegenden, ob ein/e SeelsorgerIn gerufen werden soll, und benachrichtigen den-/dieselbe (Terminabsprache).
- Äußern die Angehörigen aus eigenem Antrieb den Wunsch nach Krankensalbung, informieren die Pflegenden darüber, dass Tote keine Sakramente empfangen können, dass aber auf Wunsch ein/e SeelsorgerIn in Gebet und Segen den Abschied vom Verstorbenen mit ihnen feiert.
- Es ist für die Angehörigen wohltuend zu wissen, wie lange ihnen das Sterbezimmer noch zur Verfügung steht und ob es im Krankenhaus einen Verabschiedungsraum gibt, der es ihnen ermöglicht, die von ihnen als stimmig empfundene Zeit beim Leichnam des Verstorbenen bleiben zu können. Über die Gegebenheiten sollten die Pflegenden als erste Ansprechpartner gut informiert sein; auch eine kleine Informationsschrift hilft den Angehörigen, sich zu orientieren (Beispiel siehe im Anhang).

- Eine Kultur der Gestaltung solcher Krisenmomente, die sich in einem Krankenhaus etabliert hat, wird als sehr unterstützend empfunden: Einerseits kann es wichtig sein, den Angehörigen viel Freiraum zu lassen, den sie für den Abschied brauchen (»Bitte lassen Sie mich jetzt für eine halbe Stunde mit meinem Mann allein.«). Andererseits soll sich niemand im Stich gelassen fühlen, der in der Abschiedssituation Nähe und Zuwendung braucht: Jenseits aller Verpflichtungen nach Bedarf eine Kerze anzuzünden, ein Glas Wasser zu reichen, Papiertaschentücher, eine Tasse Kaffee oder andere Energiespender, ja nur einen Stuhl anzubieten, erfordert wenig Aufwand, nimmt aber oft lange Zeit danach noch einen wichtigen Platz in der dankbaren Erinnerung der Betroffenen ein.
- Je nach ihrem Eindruck können die Pflegenden dafür sorgen, dass die Angehörigen in Verbindung treten können mit den Menschen, die sie danach weiter begleiten, konkret also sicherstellen, dass z. B. erschöpfte, manchmal übernächtigte Angehörige nach Hause gefahren werden, dass ein Termin zum Abholen der persönlichen Dinge der/des Verstorbenen vereinbart wird, dass die Angehörigen nicht die Station verlassen, ohne ihrerseits verabschiedet worden zu sein. Hinweise auf Räume der Entspannung (je nach Bedarf Cafeteria/ Kapelle/Raum der Stille/ Klinikgelände mit Parkanlage und Bänken etc.) können sich dabei als hilfreich erweisen.

Der Klinikalltag stellt vielfach eine Überforderung dar, wenn gewissermaßen nebenbei ein Abschied begleitet werden soll. Die Abläufe sollten von daher allen bekannt sein und durch schriftliche Informationen jederzeit abrufbar sein. Teambesprechungen und Supervision sind unabdingbar, gerade wenn viele PatientInnen einer Station sterben. Als Grundregel kann gerade hier in Erinnerung gerufen werden, dass jemand seine Mitmenschen so behandeln möge, wie er selbst behandelt werden möchte. Insofern muss das Thema »Mit dem Sterben und mit Verstorbenen umgehen« immer als Führungsaufgabe wahrgenommen werden.

Abschied nehmen von meinem Kind

Wenn Willkommen und Abschied zusammenfallen – ein Kind kommt tot zur Welt

Monika Wacker

In dem deutschen Wort »Totgeburt« kommt die Absurdität dessen zur Sprache, was Eltern erleben, wenn ihr Kind tot zur Welt kommt: In dem Moment, in dem eigentlich ein neues Leben begrüßt werden sollte, steht nun der Abschied von dem Kind, auf das sich die Eltern so gefreut hatten. *Willkommen und Abschied fallen in denselben Augenblick, die ersten Momente werden gleichzeitig die letzten sein.*

Im Englischen wird diese schmerzliche Situation mit dem Begriff »stillbirth« beschrieben. Eine »Stille Geburt«. Diese Bezeichnung drückt auch die mögliche Sprachlosigkeit darüber aus, dass sich die große Hoffnung, die sich in dem neuen Leben des Kindes versammelt hatte, plötzlich umkehrt in Schweigen in unermesslicher Trauer über den viel zu frühen Verlust. Wenn Eltern erfahren, dass ihr Kind noch im Mutterleib gestorben ist, dann ist der Schmerz sicher nicht einfach in Worten ausdrückbar. Umso wichtiger wird es für die Eltern, aber auch für Geschwister und Großeltern, sein, den Abschied vom Neugeborenen bewusst zu gestalten.

Ein besonderer Aspekt bei der Verabschiedung von tot geborenen Kindern ist die Tatsache, dass das Gesetz nicht alle Totgeborenen gleich betrachtet: So unterliegt erst ein Kind, das mindestens 500g wiegt, der Bestattungspflicht. Auch werden Unterschiede gemacht, je nachdem, in welcher Schwangerschaftswoche ein Kind stirbt.

Aber für die Eltern ist das meist unerheblich: Ihr Kind ist tot. Sie spüren und wissen in ihrem Herzen, dass ihr Kind unabhängig von seinem Gewicht, unabhängig davon, ob es im oder außerhalb des Mutterleibs verstorben ist, gewollt und geliebt ist, dass es Person ist und ihm/ihr dieselbe Menschenwürde zugesprochen werden muss wie jedem anderen Menschen auch. Das heißt, dass auch ein Kind, das tot auf die Welt gekommen oder direkt nach der Geburt verstorben ist, würdig verabschiedet werden muss. Und dafür sind die Umstehenden mitverantwortlich! Das heißt für sie, die Trauer um ein totes Kind genauso zu erlauben und als natürlich zu betrachten wie die Trauer um jeden anderen geliebten (erwachsenen) Menschen.

Die Wahl der Worte spielt dabei eine große Rolle: Der Begriff »Fehlgeburt« drückt das, was geschehen ist, falsch aus: Das gestorbene Kind ist kein Fehlschlag, und auch die Mutter hat mit ihrer Geburt keinen Fehler gemacht. Der Verlust des kleinen Jungen oder Mädchens lässt sich nicht kompensieren – »Sie sind jung, Sie können ja noch Kinder bekommen«, das ist kein Trost!

Auch muss selbstverständlich sein, dass das tote Kind nicht als ein »Schwangerschaftsprodukt« bezeichnet werden darf, es handelt sich nicht um »ethischen Abfall«, sondern um einen Menschen!

Immer mehr Kranken- und Geburtshäuser, Ärzte, Schwestern und Hebammen bemühen sich um einen angemessenen Umgang beim Tod eines Kindes vor, während oder kurz nach der Geburt. Neben einem angemessenen sprachlichen Umgang mit der Situation gehört dazu auch die Etablierung von Abschiedsritualen und einer Begleitung und Hinführung der Eltern zum bewussten Abschied.

Im Kreißsaal, während der Geburt und unmittelbar danach

Auch wenn feststeht, dass das Kind schon tot ist, bevor es auf die Welt kommt, so ist doch die Geburt für die Eltern des Kindes sehr wichtig. Die Mutter sollte daher zwar mit Schmerzmitteln behandelt werden, aber nicht mit Medikamenten, die die Wahrnehmung einschränken (wie starke Beruhigungsmittel es tun). Früher geschah es oft, dass Eltern ihr Kind, wenn es tot geboren wurde, gar nicht zu Gesicht bekamen. Das Krankenhauspersonal scheute sich, ihnen das tote Kind zu zeigen. Auch fürchteten sich viele Eltern vor dem Anblick des Kindes. Die Trauerforschung hat deutlich gemacht, dass die Phantasien darüber, wie das Kind wohl ausgesehen haben mag, Mütter und Väter noch jahrelang bedrücken können.

In der Geburt erleben Eltern den Moment, in dem sie das Kind gleichzeitig begrüßen und verabschieden müssen. Sie können das Kind berühren, es ansprechen und ihm einen Namen geben. Oft ist es für die Eltern sehr wichtig, das Kind zu *berühren.* So können sie begreifen, dass es diesen

kleinen Menschen wirklich gibt. Durch die Berührung wird eine Beziehung zur Tochter/zum Sohn aufgebaut, die den Eltern vor der Geburt so nicht möglich war. Die Berührung ermöglicht besonders dem Vater eine neue Empfindung von Nähe, hatte er doch während der Schwangerschaft eher eine »Fern-Beziehung« zu seinem Kind. – *Wie klein du bist! Wie gut du dich anfühlst! Wie schön deine Augen sind! Wie zart deine Hände*!
Das bringt sein Erleben dem seiner Frau näher!
Die Eltern können *selbst die Nabelschnur durchtrennen. – Auch wenn du schon von uns gegangen bist, so wissen wir uns doch mit dir verbunden. Es ist mehr als die Nabelschnur, was unsere Beziehung hält. Wir müssen uns von dir trennen, doch wir bleiben zusammen. Denn auch du bist ein Teil unserer Familie.*

Raum für den Abschied

Es ist wichtig, Eltern genügend Zeit und *Raum* für den Abschied von ihrem Kind zu geben. Im Kranken- oder Geburtshaus gibt es hierfür oft einen Verabschiedungsraum. Es kann auch eine Form des Abschiedes sein, das Kind mit zu sich nach Hause zu nehmen. Begleitende sollten jedenfalls keine Scheu haben, so etwas als Möglichkeit zu benennen.
Die *Gestaltung des Raumes* ist Vollzug des Abschiedes. *Ich richte dir diesen Raum schön her. Die Atmosphäre ist ruhig, der Raum ist warm und hell. Leise Musik spielt im Hintergrund – dieselbe, die du schon in meinem Bauch hören konntest, wenn wir sie dir vorgespielt haben.*
Das Anzünden einer Kerze ist für Menschen seit jeher eine symbolische Handlung. Die Kerze ist Zeichen für Wärme und Geborgenheit, für Licht und Liebe. Aber eine Kerze brennt auch nieder, sie ist auch Zeichen des Vergänglichen. Christen erinnert eine Kerze an die Osterkerze. Sie ist Symbol des Glaubens an die Auferstehung. *Wir zünden dir eine Kerze an. Der Raum ist nicht brutal hell, sondern wir sehen dich in einem ganz sanften Licht. Wir wissen: Die Kerze wird erlöschen. Aber wir glauben auch: Dein Licht brennt weiter.*
Indem Eltern ihr neugeborenes totes Kind *waschen*, haben sie die Möglichkeit, ihrer Tochter oder ihrem Sohn noch einmal etwas Gutes zu tun. Vielleicht möchten sie dem Kind Kleidung anziehen, die sie bereits gekauft oder geschenkt bekommen haben. *Ich kümmere mich um dich. Ich*

berühre dich und sorge mich um dich. Ich wasche alles Schmutzige und Blutige von dir ab. Ich reibe dich mit wohl riechendem Öl ein. Du bist mein Kind, ich bin deine Mutter/dein Vater. Sie können das Kind in den Armen wiegen, sie können ein Kinderlied singen, gläubige Eltern können dem Kind mit dem Daumen ein Kreuz auf die Stirn zeichnen und einen Segen sprechen. *Wir sind deine Eltern und lieben dich, auch wenn wir dich gleich wieder hergeben müssen.*

Durch eine *Namensgebung* wird das Kind als Person wahrgenommen. – *Du bist unsere Anne. Unsere Tochter Anne.* Der Name ermöglicht eine persönliche Anrede. Diese lässt die Eltern zu dem (und später über das) Kind sprechen. *Deine Ohren können mich nicht mehr hören, doch ich weiß, dass es dich erreicht, wenn ich sage: Mein geliebtes Kind! Meine Anne!*

Gläubige Eltern möchten mit der Namensgebung vielleicht gerne eine *Taufe* verbinden. Die Taufe ist in den christlichen Kirchen Zeichen für die Aufnahme in die Gemeinschaft der Christen. Und sie ist Zeichen für den Glauben an den lebendig machenden Gott, für die Hoffnung auf ein Weiterleben nach dem Tod.

Wenn das Kind lebend zur Welt kommt, man aber mit dem baldigen Tod rechnen muss, kann eine Taufe durchgeführt werden. Soweit dies möglich ist, sollte dazu ein Geistlicher gerufen werden. Wenn die Zeit drängt, kann aber jeder Mensch *nottaufen*, auch Angehörige anderer Religionen oder Ungetaufte, wenn sie den Willen haben, mit dieser Taufe das zu tun, was die Kirche in der Taufe tut. Die Taufe geschieht durch Aufgießen von Wasser oder Untertauchen in Wasser im Namen Jesu. Dabei wird die Formel gesprochen:

»*N.N. Ich taufe dich im Namen des Vaters, des Sohnes und des Heiligen Geistes. Amen.*«

Die Taufe ist Zeichen für das Leben, sie kann Toten nicht mehr gespendet werden. Es ist aber durchaus möglich, nach dem Tod ein *Segensgebet* über ein totes Kind und die Hinterbliebenen zu sprechen. In diesem Segen kommt die christliche Hoffnung zum Ausdruck, dass sich Gott des gestorbenen Kindes annehmen wird, dass Er den Tod bereits überwunden hat und dass es dem Kind nun in Seiner Ewigkeit gut gehen möge.

Erinnerungen

Vielen Eltern ist es hilfreich, zu wissen, dass sie auch später noch *Erinnerungen* an ihr Kind haben werden. So kann es eine Form des Abschiednehmens sein, gemeinsam am Bettchen des Kindes eine kleine »*Schatztruhe*« mit Erinnerungen zu füllen: einer Haarsträhne, dem Namensbändchen, einer Kerze, die während der »Stillen Geburt« angezündet wurde, Ultraschallbildern oder auch des Geburtsprotokolls. Vielleicht haben die Eltern auch Erinnerungen an das Kind in Form von Tagebuchaufzeichnungen, Glückwunschkarten, die sie zur Schwangerschaft erhalten haben, oder ein kleines Kuscheltier, das die Oma ihnen für das Krankenhausbettchen mitgegeben hat. Diese Dinge im Beisein des toten Kindes noch einmal in die Hand zu nehmen und sich gemeinsam an die Freude auf das Kind und an die gemeinsame »gute Hoffnung« zu erinnern, stärkt die Beziehung der Eltern zueinander und hält sie zu ihrem Kind ein Stück weit lebendig.

Erinnerungsgegenstände können auch Geschenke sein, die Eltern in der Zeit des Abschiedes von Freunden und Verwandten bekommen. *Meine Freundin trauert mit uns, indem sie mir unter Tränen ein Gedicht vorträgt und es mir niedergeschrieben auf einem Zettel schenkt. Vater drückt mir ein Taschenmesser in die Hand mit den Worten: »Das gehört meinem Enkelsohn. Nimm du es für ihn.«*

Als Erinnerung können auch *Fotos* von dem Kind gemacht werden. Vielerorts übernimmt dies das Krankenhaus auf Anfrage. Es kann auch eine schöne Geste des Abschiedes sein, wenn Eltern das Kind fotografieren oder sich gemeinsam mit ihm fotografieren lassen. Mit Modelliergips kann behutsam ein *Hand- oder Fußabdruck* gemacht werden.

Manche Eltern beginnen schon in den ersten Stunden nach der Geburt, ihre Gedanken und Gefühle *niederzuschreiben* in einem Tagebuch oder in einem Brief an ihr verstorbenes Kind. Dieses in-sich-gekehrte Herauslassen von Gefühlen beim Schreiben ist eine schöpferische Form des Abschiednehmens. Das Niedergeschriebene kann später Sargbeigabe für das Kind oder Erinnerungsstück für die Hinterbliebenen sein.

Zunächst gilt es, ganz für sich Worte zu finden für die eigene Trauer, in Worte zu fassen, was nicht zu fassen ist. Aber auch das Gestalten einer Mitteilung über Geburt und Tod des Kindes kann zum Prozess der Trauer gehören. In einer solchen Mitteilung können die Eltern versuchen, gemeinsam Worte oder Bilder zu finden, die ausdrücken, was sie fühlen. Oft ist es hilfreich, hierzu Gedichte und Texte von anderen Menschen zu »leihen« (Textbeispiele in diesem Buch). Ein beigefügtes Foto des Kindes, auf dem vielleicht auch die trauernden Eltern abgebildet sind, sagt oft mehr als alle Worte. Das Bild des Vaters mit dem toten Kind im Arm drückt gleichzeitig die große Nähe und die so schmerzhafte Trennung aus. Klar ist, dass die persönlich gestaltete Mitteilung sehr intim ist. Vielleicht sehen sich manche Eltern gar nicht imstande, dies im ersten Abschiedsschmerz zu bewältigen. Wen sie alle über den Tod ihres Kindes informieren möchten, und wie sie sich dabei ausdrücken, das müssen Eltern jeweils entscheiden. Es zu tun ist ein Prozess, der aus der Isolation und dem einsamen Schmerz hinausführt: *Wir können mit unserer Trauer nicht allein bleiben, wir können nicht anders, als anderen von dir erzählen.*

Abschied in der Familie

Wenn das gestorbene Kind Geschwister hat, so müssen auch sie Abschied von ihrer Schwester/ihrem Bruder nehmen (können). Dabei ist zu beobachten, dass Kinder auf eigene Weise trauern. Sie sind ganz neugierig, wie das Baby aussieht, vielleicht sind sie auch neugierig, wie sich der tote Körper verändert. Die Kinder sollten das tote Geschwisterchen berühren, streicheln und auf den Arm nehmen dürfen. So können sie begreifen, dass es die Schwester/den Bruder tatsächlich gab und gibt. Gemeinsam können Eltern und Geschwister bei dem Kind sitzen und sich erzählen, wie sie die Schwangerschaft erlebt haben, worauf man sich besonders gefreut hat. *Sie sollte mit mir Verstecken spielen. Wir wollten ein Baumhaus bauen, und in der Schule hätte ich allen gesagt: ›Lass bloß meine kleine Schwester in Ruhe, sonst bekommst du es mit mir zu tun!‹*

Den Geschwistern können Möglichkeiten gegeben werden, sich zu verabschieden: Sie können gemeinsam mit den Eltern überlegen, ob sie der Schwester/dem Bruder noch ein *Geschenk* (eine Grabbeigabe) machen möchten. Vielleicht möchten sie ihm oder ihr noch einen Brief schreiben, den niemand (auch nicht die Eltern) lesen darf. *Erzähle ihr einmal dein Lieblings-Märchen! Komm, wir singen gemeinsam ein Abschiedslied!*

Lass uns gemeinsam einen kleinen Baum pflanzen, er wird wachsen und uns immer an deine Schwester erinnern.

Von der Zukunft Abschied nehmen – Der Tod eines noch kleinen oder jugendlichen Kindes

In dem Buch »Oskar und die Dame in Rosa« erzählt Eric-Emmanuel Schmitt von einem Kind, das seine letzten Tage erlebt. Als feststeht, dass Oskar nur noch eine gute Woche zu leben hat, macht ihm Oma Rosa, eine »grüne Dame« und Oskars Vertraute im Krankenhaus, einen Vorschlag:
»In meiner Heimat, Oskar, gibt es eine alte Legende, in der es heißt, dass man in den letzten zwölf Tagen eines Jahres das Wetter für die kommenden zwölf Monate des neuen Jahres vorhersagen kann. Es genügt, jeden einzelnen Tag auf das Genaueste zu beobachten, um so eine Übersicht über all die Monate zu bekommen. Der 19. Dezember ist wie der Monat Januar, der 20. Dezember wie der Monat Februar und so weiter … bis zum 31. Dezember, der wie der folgende Dezember ist. […] Das ist die Legende. Die Legende von den zwölf vorhersagenden Tagen. Die sollten wir miteinander nachspielen, du und ich. Also, vor allem du. Von heute an wirst du jeden Tag so betrachten, als würde er zehn Jahre zählen.« (Aus: Eric-Emmanuel Schmitt, Oskar und die Dame in Rosa. Aus dem Französischen übersetzt von Annette und Paul Bäcker. © 2003 by Ammann Verlag & Co., Zürich. Der Abdruck erfolgt mit freundlicher Genehmigung des Verlags.) Der sterbende Junge geht auf den Vorschlag ein und wird schließlich hundertundzehn Jahre alt. Er »erlebt« in den letzten Tagen die erste Liebe, verlobt sich mit einem Mädchen, vergibt seinen Eltern und vieles mehr. All dies teilt er mit der Oma Rosa und dem lieben Gott, dem er regelmäßig schreibt. Der Vorschlag von Oma Rosa erscheint wie eine Rettung: Nun kann der Junge doch noch das »ganze Leben« durchleben – wenn auch nur im Schnelldurchlauf.

Mit dem Tod eines Kindes stirbt immer ein Stück Zukunft. So viel hatte er oder sie noch vor sich, so viel eigentlich Selbstverständliches wird er/sie nicht mehr erleben. Die Zukunft ist um diesen Menschen ärmer.

Aber auch ein Stück Zukunft der Eltern und Geschwister scheint gestorben: Sie hatten ihre Zukunft immer *mit* dem Kind gedacht. *Wir wären*

stolz auf deine Schulzeugnisse gewesen – oder hätten gemeinsam auf die Lehrer geschimpft. Wenn du den Führerschein gehabt hättest, hättest du uns in Vaters Auto zum See gefahren. Du hättest uns deine Freundin vorgestellt. Die Eltern wären vielleicht irgendwann »Oma und Opa« geworden. Gemeinsam hätten wir unsere alten Eltern gepflegt. Gemeinsam sie in Sterben und Tod begleitet, gemeinsam an ihrem Grab gestanden. Nun stehe ich mit ihnen hier. Ich kann es gar nicht begreifen, denn es darf doch nicht sein!
Im Abschied von der Tochter oder dem Sohn kann dieser Verlust der Zukunft ausgedrückt werden in Zeichen. Ein Symbol, das gleichzeitig die Schönheit und Besonderheit eines kurzen Momentes, die Angst vor dem Verlorengehen und auch die Hoffnung auf Rettung ausdrückt, ist der Regenbogen. Als Zeichen für den Regenbogen können kleine Glassteine dienen, in denen sich das Licht bricht.

Symbol: *Regenbogen*

Eltern und Geschwister erhalten *bunte Glassteine.*

Das Licht bricht sich in dem Glas in allen Farben des Regenbogens. Wir erinnern uns gemeinsam daran, dass der Regenbogen ein schönes Symbol für die Zuwendung Gottes zu den Menschen ist. Er symbolisiert in der Geschichte die Zusage Gottes an den Menschen, nie wieder eine Sintflut zu schicken, die die Menschheit vernichten könnte. Auch wir fühlen uns im Moment wie in einer Sintflut. Wir können die Flut der Gefühle, der Trauer und auch der Ohnmacht im Moment nicht beherrschen. Wir gehen unter.
Ein Regenbogen entsteht, wenn Licht und Regen zusammenfallen. Nur für kurze Momente ist das schillernde Farbenspiel sichtbar. Wir erinnern uns daran, wie wir einen Regenbogen betrachtet haben, vielleicht waren wir auch einmal dabei, als N.N. einen Regenbogen am Himmel entdeckt hat. Zauber liegt in einem solchen Moment. Aber der Moment ist vergänglich, meist ist er viel zu schnell wieder vorbei. So wie auch das Leben von N.N. viel zu schnell vorbei war.
Doch wir hoffen auf Gottes Zusage, die wir auch im Regenbogenlicht sehen: Dass er uns nicht untergehen lässt. Dass er uns rettet. Und wir hoffen, dass er sich unserer lieben N.N. annimmt. Vielleicht sieht sie schon den Regenbogen.

Die Eltern und Kinder legen nun nacheinander die bunten Glassteine in eine schöne Schale oder in die Hände des verstorbenen Kindes. Dabei können sie als Zeichen des Abschiednehmens Hoffnungen und Pläne benennen, die sie mit dem Kind verbunden haben. Mit den Steinen geben sie ein Stück der Zukunft, die sie sich mit dem Kind erhofft hatten, wieder zurück. Sie können auch schöne Erinnerungen erzählen, die sie bewahren möchten. Es ist möglich, einen Teil der Steine als Grabbeigabe abzugeben, einen anderen zu behalten. Die Steine können später verarbeitet werden zu einer Kette oder einem Mosaik, das ins Fenster gehängt werden kann. Immer wenn sich das Licht in den Steinen bricht, fällt damit eine kostbare Erinnerung an das Kind als Regenbogenstrahl in die Welt der Familie.

Auch *andere Symbole* können helfen, den Abschied zu gestalten:
Seifenblasen schillern ebenfalls wie der Regenbogen. Sie schweben zum Himmel, wenn man ihnen zusieht, scheint der Moment verzaubert. Doch Seifenblasen sind so kurzlebig! Man hat eine Seifenblase noch gar nicht richtig betrachten können – da ist sie schon geplatzt.
Luftballons können steigen gelassen werden. Bunt und voller Leichtigkeit und Unbeschwertheit erinnern sie an das verstorbene Kind. Wenn sie fliegen sollen, müssen wir sie loslassen, uns von ihnen trennen. Wir sehen ihnen nach, bis sie so klein geworden sind, dass wir sie mit den bloßen Augen nicht mehr erkennen können.
Das Abbrennen von ***Wunderkerzen*** kann ein Symbol für den unfassbaren Verlust werden: noch eben voller Leuchtkraft, Funken sprühend, ist das kleine Wunder plötzlich erloschen.
Eine kleine ***Duftkerze*** brennt nur für kurze Zeit. Doch in dieser Zeit schenkt sie dem ganzen Raum Licht und ihr Duft bleibt auch nach ihrem Erlöschen noch im Raum.
Auch dein Leben ist nach viel zu kurzer Zeit erloschen. Aber die Erinnerung ist in uns, wie der Duft der Kerze noch im Raum ist. Ich erinnere mich an deinen Geruch. Er hängt noch in all deinen Kleidern. Ich trage deinen alten Schal. Du bist nicht mehr hier, aber eine Zeit lang bewahre ich mir deinen Geruch.
Ein ***zierliches Glockenspiel*** kann aufgehängt werden. Wenn man es berührt, erklingen muntere und verspielte Töne. Ein wenig klingen sie noch

nach und dann kehrt die Stille wieder ein. *Zierlich und munter warst auch du. Freude hast du uns bereitet und unser Herz zum Klingen gebracht. Jetzt habe ich das Gefühl, dich noch lachen und spielen zu hören, doch bald wird Stille eintreten. Wie lange werde ich diese Erinnerung in meinem Herzen noch anstoßen können, so wie ich dieses kleine Glockenspiel anstoße? Ich hoffe, dein Lachen wird niemals mein Ohr verlassen.*

Blumen werden ins Zimmer gestellt. Blumen der Saison sind auch Symbole für eine bestimmte Zeit. Sie wecken bestimmte Erinnerungen und Gefühle, sind für manchen Ausdruck eines bestimmten Lebensgefühls. Auch das verstorbene Kind hat nur eine kurze Zeit zum Leben gehabt. Die Blumen blühen jedes Jahr wieder. Wenn sie in den Abschied vom Kind einbezogen werden, so ist dies Gelegenheit zurückzublicken (*Kannte Jonas die Blumen und verband er etwas mit ihnen? Gibt es eine Geschichte dazu? Wie oft haben diese Blumen in Jonas' Leben schon geblüht? Was haben wir immer mit den Blumen verbunden?*) und gleichzeitig nach vorne zu schauen (*In den nächsten Jahren werden uns um diese Zeit auch die Blumen an Jonas erinnern. Ihr Duft wird uns an heute erinnern, jeder Strauß an den Strauß, den wir ihm in die Hände gelegt haben.*).

Tulpen, Schneeglöckchen und andere Frühlingsblumen: *Der Frühling weckt das Leben. Man kann das Leben, das Werden und Wachsen im Frühjahr hören, riechen und sehen. Die Blumen sind ein Symbol für diese fröhliche und hoffnungsfrohe Zeit. Auch das Kind steckte – sinnbildlich gesprochen – noch im Frühling. Der Frühling ist der Beginn. Ihm folgen Sommer, Herbst und Winter. Doch wir durften mit N.N. nur seinen/ihren Frühling erleben. Diese Blumen werden uns in jedem Frühjahr noch mehr an ihn denken lassen.*

Ein bunter Strauß Sommerblumen: *Der Sommer schenkt uns eine Vielfalt an Farben, Gerüchen und Blüten. Das Leben von N.N. war so bunt wie dieser bunte Strauß mit Sommerblumen. Es war genauso vielfältig, fröhlich und schön. Dieser Strauß, der jetzt in der Vase so schön ist, wird bald verblühen. Wir haben nur kurze Freude daran.*

Das Leben von N.N. ist viel zu früh zu Ende gegangen. Doch wir behalten einen bunten Strauß Erinnerungen in unseren Herzen. Wir nehmen Abschied von ihm und stellen den Strauß an sein Bett.

Sonnenblumen, Astern und andere Herbstblumen: *Diese Blumen haben den Sommer noch in sich. Mit intensiven Farben trotzen sie den ersten*

Herbststürmen und dem Regen. Auch wenn es zunehmend kälter wird, erinnern sie uns an die vielen Sonnentage, die hinter uns liegen. Ein letztes Mal schenkt uns die Natur die Kraft der Sonne zurück, bevor Eis und Schnee das Leben unsichtbar machen. Wir stehen vor unserem verstorbenen Sohn (Tochter/Bruder/Schwester) und sein Körper weckt in uns die Erinnerungen daran, wie lebendig er war. Wie schnell er laufen konnte, wie wild er toben konnte, wie kräftig er uns umarmen konnte. Im nächsten Jahr, wenn wir wieder einen Strauß Herbstblumen in den Händen halten, wollen wir uns an diese Lebendigkeit von N.N. erinnern. Heute legen wir sie ihm in die Hand. Der vergangene Sommer, der letzte Sommer, in dem N.N. noch lebte, kommt uns damit in Erinnerung.

Christsterne, Tannenzweige, winterharte Pflanzen: *Im Winter ist es schwierig, im Garten eine Blume zu finden, die wir N.N. ans Bett stellen können. Die Kälte der Jahreszeit, ihre Leblosigkeit und das raue Wetter scheint heute auch unsere Herzen zu bedrohen. Sie wollen gefrieren und zerbersten ob unserer Trauer. Wir haben doch noch eine Blume (einen Tannenzweig) gefunden, den wir an das Bett von N.N. stellen. Sie überlebt auch im Winter. Sie schenkt uns Freude und erinnert uns daran, dass auch im harten Winter Überleben möglich ist. Sie soll uns jetzt, morgen, nächste Woche, an Weihnachten und nächstes Jahr Zeichen der Hoffnung sein. Hoffnung, dass uns die tiefe Trauer nicht das Leben nimmt. Und sie soll uns Erinnerung sein. Erinnerung an die vielen schönen Erlebnisse mit N.N. Erinnerung, die uns in der Kälte der Trauer Wärme schenkt.*

Je nachdem, wie alt das verstorbene Kind war, kann das Abschiednehmen unterschiedlich aussehen. Bei Kleinkindern können Eltern am Bett des Sohnes/der Tochter Erinnerungen austauschen darüber, was das Kind alles erlebt hat, was die schönsten Momente für die Eltern waren, wann es aber auch mal sehr schwer war. Falls es Geschwister gibt, können auch sie in diese ***Erzählgemeinschaft*** eintreten. Die gemeinsamen Erinnerungen schweißen die Familie mehr zusammen. Vielleicht weiß auch jemand etwas über den Jungen/das Mädchen zu erzählen, was die anderen noch gar nicht wussten?

Nach dem Eintreten des Todes können Eltern und Geschwister gemeinsam das Kind waschen, eincremen, ihm die Haare kämmen, es streicheln. Gemeinsam werden die Lieblingskleider des Kindes herausgeholt, oder ***Kleidung***, die es zu einem besonders festlichen Anlass trug. *Meiner Schwes-*

ter wollen wir ihr Kommunionkleid anziehen. Sie sah darin im letzten Jahr so schön aus. Ganz stolz war sie in dem Kleid. – Nächstes Jahr sollte ich es tragen. Doch ich möchte es ihr schenken. Wenn sie in den Himmel kommt, wird sie darin besonders schön aussehen.

Spielzeug, das dem verstorbenen Kind besonders lieb war, kann herbeigeholt werden. Die Familie kann im Gedenken an das Kind noch einmal damit spielen. Das mag seltsam klingen, doch das altbekannte Spiel, bei dem das Kind, das nun nicht mehr da ist, immer dabei war, weckt Erinnerungen, macht gegenwärtig, was nun nicht mehr ist. Es geht in diesem Spiel nicht darum, Spaß zu haben, sondern darum, Abschied zu nehmen von dem Spaß, den man mal gemeinsam hatte, der nun unwiederbringlich verloren ist. Indem die Familie dies in einer Gemeinschaft vollzieht, wird aber auch deutlich: *Wir gehören weiter zusammen. Wir sind immer noch eine Familie, auch wenn uns immer wieder klar werden wird, dass ein Familienmitglied nicht mehr bei uns ist. Man sieht nur vier: Mama, Papa, Julia und mich. Eigentlich sind wir aber zu fünft.*

Wenn das Kind schon älter war, kann die Familie gemeinsam überlegen, ob nicht auch Freunde des Kindes in den Abschied mit einbezogen werden können. Gerade in der Pubertät ist die so genannte Peergroup für Jugendliche sehr wichtig. Die ***Gleichaltrigen*** werden wahrscheinlich anders Abschied nehmen als die Familie: Es wird die neueste CD der Lieblingsband des verstorbenen Jungen aufgelegt und in voller Lautstärke abgespielt. Die Freunde nehmen sich in den Arm und tanzen zu der Musik, sie setzen sich neben den toten Freund, nehmen seine Hand und wippen im Takt der Musik.

Fotos und Texte von Idolen werden mitgebracht: Texte von Rappern, aber auch klassische Lyrik. Was der Clique viel bedeutet hat, wird herumgegeben und vorgelesen.

Die Freunde erzählen von dem Mädchen, in das der tote Junge verliebt war. Sie weinen gemeinsam darüber, dass er nicht mit ihr zusammengekommen ist, weil er zu schüchtern war, ihr zu sagen, dass er sie mochte.

Die Individualität des verstorbenen Kindes wird deutlich, wenn Eltern und Freunde Erinnerungen austauschen. *Ach! Das hat sie mir ja nie erzählt! – Ich hätte gar nicht gedacht, dass unsere Tochter sich so mit Musik auskannte. – Was hat Ihre Tochter denn von uns erzählt? – Wussten Sie eigentlich, dass sie ihre Eltern ziemlich »cool« fand?*

Gemeinsam mit den besten Freunden des Kindes zu trauern, gemeinsam mit ihnen Abschied zu nehmen, stellt eine eigentümliche Art von Nähe zu dem/der Verstorbenen her. *Wenn deine Freunde bei uns sind, habe ich das Gefühl, auch du bist ein Stück hier. Sie reden wie du, sie bewegen sich wie du. Wenn ich mich mit ihnen unterhalte, sie nach dir frage oder von dir erzähle, dann merke ich, wie wir uns gegenseitig um Erinnerungen an dich bereichern. Ich habe das Gefühl, dich hier und jetzt noch besser kennen zu lernen.*

Von Anfang bis Ende sah ich dein Leben – Der Verlust eines erwachsenen Kindes

Den Tod des eigenen Kindes mitzuerleben, wird im eigenen Lebenskonzept nie mitgedacht, und Eltern, deren Kind im Erwachsenenalter stirbt, wird schmerzhaft bewusst, dass sie ihre Tochter oder ihren Sohn überlebt haben. Sie haben seine oder ihre Geburt, den Anfang des Lebens erlebt, und nun müssen sie auch noch das Ende, den Tod des Kindes überleben. Statt dass ihr Gedächtnis im Leben des Kindes weitergegeben wird, sind es nun die »verwaisten Eltern«, die das Leben der Tochter/des Sohnes im Ganzen betrachten. Dabei wird auch das eigene Ende bewusst.

Der Abschied vom verstorbenen erwachsenen Kind kann gestaltet werden mit Symbolen und Ritualen, die begreifbar machen, dass der Sohn/die Tochter sein/ihr Leben eher vollendet hat als die Eltern:

Symbol: *Perle*

Die Eltern erzählen am Bett des Verstorbenen sein Leben vom Anfang der Geburt bis zu seinem Ende am heutigen Tag. Gemeinsam wird das ganze Leben von den Hinterbliebenen erinnert. Dabei halten alle eine ***Perle*** in der Hand.
Die Perle hat ihre Zeit gebraucht, um in der Muschel zu wachsen. Jahr um Jahr um Jahr hat sich ein schimmernder Mantel um das kleine, in der Muschel verborgene Sandkorn gelegt. Die Perle, die aus diesem unscheinbaren Sandkorn wuchs, ist nun ein wertvolles Schmuckstück. Sie symbolisiert Schönheit und Vollendung. Eine Perle ist Symbol für Reinheit, für das Wertvolle und Geheimnisvolle im Leben. *Für uns sollen diese Perlen*

zu Symbolen für N.N. s Leben werden: Sein Leben auf dieser Erde ist nun zu Ende. Doch wir glauben trotz aller Fehler und Qualen, die es in seinem Leben gab, an die Schönheit und die Vollendung dieses Lebens. Auch soll die Perle uns Symbol sein dafür, dass wir N.N. zwar überlebt haben, dass sein Leben für uns aber immer auch Geheimnis bleiben wird. Die Erinnerung an ihn ist wertvoller, als jede Perle es sein kann. Sein Leben ist nun vollendet. Auch unser Leben wird zu Ende gehen und wir hoffen darauf, dass wir dann wieder mit ihm vereint sein werden.

Symbol: *Blumenkranz*

Alle Trauernden bringen Blumen zu dem verstorbenen Menschen und binden gemeinsam ein Gesteck. Dabei erinnern sie sich an den Verstorbenen oder die Verstorbene. Während sein oder ihr Leben erinnert und erzählt wird, vollendet sich auch der ***Blumenkranz.*** *Wir erinnern uns an dein Leben. An schöne und schwere Zeiten, an Freude und Leid. Je mehr wir erzählen, desto bunter erscheint uns die Zeit, die wir mit dir hatten. Doch irgendwann ist der Blumenkranz, den wir dabei flochten, fertig. Wir stehen vor dem abgeschlossenen Gesteck und legen ihn dir zu Füßen. Wenn wir auf ihn schauen, fallen uns dazu die vielen Geschichten aus deinem Leben ein. Wir werden dir das Gesteck auf dein Grab legen. Die Blumen werden welken, doch unsere Erinnerungen werden bleiben. Wir werden in unserem Leben noch einige Blumen wachsen sehen und uns so lange, bis auch unser Ende gekommen ist, an dich erinnern.*

Symbol: *Klang*

Im Ritual der Aussegnung können ***Klangschalen*** zum Klingen gebracht werden. Die Eltern können selbst den Ton anschlagen. *Wir haben dir das Leben geschenkt, nun hören wir es verhallen. Der Ton deines Lebens, der eigentlich uns begleiten sollte bis an unser Ende, ist nun kaum noch zu hören. Doch unser Ohr wird ihn nie verlieren: Immer werden wir uns an dein Kinderlachen erinnern, an Worte, wie du sie gesagt hast, und an deinen letzten Atemzug. Und wenn einmal auch wir sterben, werden sich die Töne unserer Leben wieder vereinen.*

Symbol: *Osterkerze*

Alpha und Omega der Osterkerze sind Zeichen für Anfang und Ende. Gläubige Hinterbliebene verbinden mit diesen Zeichen die Osterkerze als Zeichen für die Taufe und das ewige Leben. Vielleicht gibt es die Taufkerze des Verstorbenen noch und sie kann angezündet werden. Das Licht für die Kerze am Bett des/der Verstorbenen kann aus der Pfarrkirche geholt werden. Damit wird der Verbundenheit der ganzen christlichen Gemeinde Ausdruck geschenkt. Die Kerze erinnert die Eltern an das Fest der Taufe des Sohnes oder der Tochter. Sie erinnert daran, wie die Eltern schon ganz früh ihr Kind Gott anvertraut haben. Und wenn das Kind als Baby getauft wurde, haben sie stellvertretend für ihren Sohn/ihre Tochter das Glaubensbekenntnis gesprochen. Dies kann nun am Bett des/der Toten wiederholt werden. Besonders die letzten Sätze des Gebetes mögen Trost schenken: »*Ich glaube an die Gemeinschaft der Heiligen, Vergebung der Sünden, Auferstehung der Toten und das ewige Leben. Amen.*«

Literatur:

Glanzmann, Gabriele/Bergsträßer, Eva, Begleiten von sterbenden Kindern und Jugendlichen. Ein Ratgeber für Familien und Helfende, Schaffhausen 2001.

Lutz, Gottfried/Künzer-Riebel, Barbara (Hg.), Nur ein Hauch von Leben. Eltern berichten vom Tod ihres Babys und von der Zeit ihrer Trauer. Mit Beiträgen von Verena Kast, Gottfried Lutz, Karl-Heinz Wehkamp, Elterninitiative »Regenbogen«, Lahr 1998.

Nijs, Michaela, Trauern hat seine Zeit. Abschiedsrituale beim frühen Tod eines Kindes, (Reihe Psychosoziale Medizin, Bd. 7), Göttingen 1999.

Sekretariat der Deutschen Bischofskonferenz (Hg.), Wenn der Tod am Anfang steht. Eltern trauern um ihr totes neugeborenes Kind – Hinweise zur Begleitung, Seelsorge und Beratung. Neufassung der Arbeitshilfen 109 (1993), Bonn 2005.

Schmitt, Eric-Emmanuel, Oskar und die Dame in Rosa, 10. Auflage, Zürich 2003.

PRAXISTEIL

Rituale

Eine Verabschiedung ist ein so genanntes Übergangsritual; es entlässt den Verstorbenen aus seinem Lebensraum in den »Raum des Todes«. So kann es sein, dass der erste Abschied aus dem Zimmer erfolgt. Und vielleicht gibt es dann eine zweite Station des Abschieds im Hospiz/Altenheim/Krankenhaus: die Aufbahrung in einem eigenen Aufbahrungs- oder Verabschiedungsraum, ehe das Bestattungsunternehmen den Verstorbenen einsargt und in eigene Aufbahrungsräume oder zur Leichenhalle bringt.
Wir möchten im Folgenden Rituale für den Eintritt in den »Raum des Todes«, diese ersten Stationen des Abschieds vorstellen.

Vom Zimmer zum Aufbahrungsraum – Stationen des Abschieds gestalten

Ida Lamp

Im Franziskus-Hospiz Hochdahl war im Laufe eines gemeinsamen interdisziplinären Prozesses geregelt worden, dass ein Verstorbener eine Zeit im Zimmer aufgebahrt und dann in einen Aufbahrungsraum verbracht wird. Dieser Weg wird von Mitarbeitenden des Hospizes (Pflege, Seelsorge, Ehrenamt) begleitet. Der Abschieds-Prozess – der Weg des Abschieds – ist gekennzeichnet durch die »Verwortung«, für die jemand weniger Betroffenes quasi die Regie übernimmt. Aufgrund der Erfahrungen der Mitarbeitenden in Hochdahl haben wir versucht, eine Regieanweisung, eine Art Drehbuch, einen Handlungsplan mit ein paar Aspekten zu skizzieren. Solch ein Plan kann Mitarbeitenden, die nicht als Seelsorgende ausgebildet sind, helfen, den Weg des Abschieds zu gestalten.

1. Station: Im Zimmer

Den Anlass benennen – den Tod aussprechen:

N.N. ist tot – wir sind zusammengekommen, um einen ersten Schritt auf dem großen Weg des Abschieds zu gehen.Wir verabschieden ihn/sie aus diesem Zimmer, in dem er/sie die letzten Stunden/Tage/Wochen/Monate seines/ihres Lebens verbracht hat. Wir bringen ihn/sie gleich in den Verabschiedungsraum – gehen diesen Weg, Schritte auf dem Weg des Loslassens, ehe er/sie ganz der Erde anvertraut werden wird.

Wortlosigkeit erschließen – zum Sprechen einladen:

Wo wir hier am Bett stehen, können wir kaum begreifen, dass er/sie nicht mehr sprechen kann, uns nicht mehr berühren soll ... Wir fühlen uns ihm/ihr noch ganz lebendig nah. Vieles, was wir gemeinsam erlebt haben, steht vor unseren Augen.

Hier könnte derjenige, der das Ritual anleitet, jetzt irgendetwas Eigenes benennen, was ihm oder ihr aus den Begegnungen zu Lebzeiten in den Sinn kommt.

Mit uns sind jetzt auch alle die da, die nicht hier sein können, indem wir uns an sie erinnern. Vielleicht fällt Ihnen jemand ein, der zu Ihnen gehört und jetzt nicht da sein kann?

Evtl. Fotos einbeziehen, die sich im Zimmer befinden; auch die bereits Verstorbenen, die zur Familie gehören, namentlich nennen oder nennen lassen.

Rückbindung an das größere Ganze suchen – beten:

In dieser Situation kommen wir vor dich, Gott, weil du uns Leben verliehen hast, weil du uns nicht im Dunkel versinken lässt, weil jetzt nur bei dir Zuflucht und Trost ist. Und zusammen beten wir für N.N. und für uns selbst:

Vater unser …

Auch ein Psalm kann jetzt gesprochen werden. Dann übernimmt der Vorbeter das Beten oder man verteilt Kopien oder Gebetbücher.

Der »Ritualleiter« sagt etwas zum Gebet Hinführendes, z. B.:

Im Angesicht des Todes wollen einem die Worte versagen. Wir sprechen mit Betenden, die lange vor uns gelebt haben und die wie wir Zweifelnde, Suchende, Hoffende gewesen sind; die versucht haben, bei Gott den Halt ihres Lebens zu finden.

Psalm sprechen – evtl. auch gemeinsam. Auch ein Schriftwort oder ein Text aus der Literatur kann so gelesen werden.

2. Station: Der Weg

Den Übergang gestalten – dem Toten Geleit geben:

Als Abschluss im Zimmer erläutern wir, was jetzt geschieht:
Wir bringen jetzt N.N. in den Verabschiedungsraum. Wir gehen damit einen ersten Schritt auf dem Weg zur Beerdigung, indem wir jetzt zusammen mit ihm/ihr das Zimmer verlassen, in dem er/sie die letzten Stunden/Tage/Wochen/Monate seines/ihres Lebens zugebracht hat – einen Schritt auf dem Weg des Abschieds. Wir bedecken ihn/sie für diesen Weg mit einem Tuch, damit er/sie nicht allen Blicken preisgegeben ist.
Den Weg gehen wir in Stille miteinander.

> *Die Angehörigen und Freunde werden eingeladen, das Bett zu schieben, das Öllämpchen mitzunehmen, noch ein Foto oder die Blumen aus dem Zimmer mitzunehmen ...*

Der Weg wird nun still miteinander gegangen – langsam, damit man den Boden unter den Füßen spüren kann. Jetzt ist durch nichts mehr Eile geboten. Der Tod hat einen anderen Rhythmus. Alle in der Einrichtung sind instruiert, dass einem Verstorbenen Geleit über die Flure gegeben wird. Wer dort arbeitet, unterbricht seine Arbeit für eine Schweigeminute.

3. Station: Im Verabschiedungsraum

Bestärken für den weiteren Weg – segnen:

Im Verabschiedungsraum wird das Tuch vom »Ritualleiter« wieder entfernt. Er oder sie verharrt einen Moment in Stille beim Verstorbenen – dann könnte er oder sie vielleicht als Abschiedsgestus ein Kreuz auf seiner/ihrer Stirn zeichnen oder den Körper ein letztes Mal berühren, etwa an der Schulter oder der Hand.
Worte begleiten dieses Tun, wie: »In der Taufe ist er/sie besiegelt worden zu neuem Leben.«
»Adieu.«

Vorbeter: »Herr, gib ihm/ihr die ewige Ruhe« / Alle: »und das ewige Licht leuchte ihm/ihr.« / Vorbeter: »Lass sie/ihn ruhen in Frieden.« / Alle: »Amen.«
An dieser Stelle ist es in Ordnung, auf (bekannte) traditionelle Formeln oder alltagssprachliche Abschiedswendungen zurückzugreifen, da sie einen »abschließenden« und damit in dieser Situation den Abschied »erschließenden« Charakter haben. Auch hier kann es gut sein, die Worte auf Papier für alle lesbar und mitsprechbar bereitzuhalten.
Derjenige, der dem Ritual vorsteht, spricht zum Abschluss ein Segensgebet, das den Trauernden Stärkung für ihren Weg zuspricht.
Gott segne euch für euren Weg des Abschieds. Er lasse euch fest zueinander stehen und einander stützen und trösten. Gott behüte euch alle Tage.

Anschließend klärt er mit den Hinterbliebenen – wenn das vorher noch nicht geschehen ist, ob er noch weiter mit ihnen im Hintergrund im Raum bleiben oder sie jetzt allein lassen soll.

Liturgie einer Aussegnung

Reinhold Dietrich

Im Namen Gottes – Vater und Mutter
Im Namen Jesu – Bruder und Schwester
Im Namen des Heiligen Geistes – Freundin und Freund. Amen.

Wir hören auf Worte des 121. Psalms:
Ich hebe meine Augen auf zu den Bergen:
Woher kommt mir Hilfe?
Meine Hilfe kommt von dir, Gott.
Du hast Himmel und Erde gemacht.
Du wirst meinen Fuß nicht gleiten lassen.
Du behütest mich und schläfst nicht.
Du, Gott Israels, wirst nicht müde
und schläfst nicht ein.
Du behütest auch mich.
Du gibst mir Schatten und stehst mir zur Seite.
Bei Tag wird mir die Sonne nicht schaden
noch der Mond bei Nacht.
Du behütest mich vor allem Bösen.
Du behütest mein Leben.
Du behütest meinen Ausgang und Eingang
von nun an bis in Ewigkeit.
Ehre sei dem Vater und dem Sohn und dem Heiligen Geist. Wie es war im Anfang, jetzt und immerdar und von Ewigkeit zu Ewigkeit. Amen.

Aus: Heidi Rosenstock/Hanne Köhler, Du, Gott, Freundin der Menschen. Neue Texte und Lieder für Andacht und Gottesdienst. © Kreuz-Verlag Stuttgart, 4. Aufl. 1998, S. 35.

Unsere Zeit vergeht und mit ihr vergehen wir auch.
Wenn wir das am Tod erfahren, sind wir traurig und in Angst.
Wir denken an N.N.
Was sein/ihr Leben erfüllt hat, das ist nicht spurlos an uns vorübergegangen.
Dafür sind wir dankbar.
Wir sprechen aus, was auszusprechen ist.

Wir vergeben, was zu vergeben ist.
Und wir bewahren, was bewahrt werden muss.
So geben wir N.N. zurück an Gott:
Du, Gott, kennst jeden Gedanken, der diesen Kopf bewegt hat.
Gedanken der Trauer und Gedanken der Freude,
Gedanken, die er/sie mit anderen geteilt hat, und Gedanken, die er/sie für sich behielt.
Bei dir, Gott, sind all unsere Gedanken gut aufgehoben.
Du, Gott, kennst jedes Wort, das dieser Mund gesprochen hat.
Worte des Zorns und Worte der Liebe,
Worte, die laut herauskamen und Worte, die er/sie sich kaum auszusprechen traute.
Bei dir, Gott, sind all unsere Worte gut aufgehoben.
Du, Gott, weißt, was diese Hände bewegt haben, die jetzt ruhen müssen.
Was sie eingerissen und was sie aufgebaut haben,
wo sie kräftig zupackten und wo sie zärtlich streichelten.
In deinen Händen, Gott, ist alles gut aufgehoben,
was dieser Mensch war und wollte,
was er/sie bewegte und was nun ruhen muss.
Nimm ihn/sie, nimm alles in deine Hände.
Amen.

Wofür uns die Worte fehlen, das fassen wir zusammen in dem Gebet, das Jesus gebetet hat:
Vater unser ...
Ich bitte Sie, einander an der Hand zu fassen. Wir wollen miteinander einen Kreis bilden – zum letzten Mal ist N.N. der Mittelpunkt Ihrer Familie:
Gott, allmächtig und barmherzig,
segne uns und behüte uns.
Lass dein Angesicht leuchten über uns
und sei uns gnädig.
Hebe dein Angesicht auf uns und schenke uns Frieden.
Amen.

Aus: Entwurf eines Qualitätshandbuches für die Klinikseelsorge der Evangelischen Kirche in Hessen-Nassau.

Weitere Textvorlagen auch im Evangelischen Gesangbuch: EKHN 950 und in: Nicht allein gelassen. Eine Handreichung zur Begleitung von Schwerkranken und Sterbenden. Deutsche Bibelgesellschaft, Stuttgart 1996.

Überm Berg – Gotteserfahrungen

Ida Lamp

Unser Vater ist so gern in den Bergen gewandert, erzählen die Angehörigen im Gespräch vor der Verabschiedung.
Einen Moment an Zeit braucht es nun, um den Assoziationen nachzuspüren. Welche biblischen Texte kommen mir in den Sinn? Welche Sprichworte und Redewendungen fallen mir ein? Welche eigenen Erfahrungen mit den Bergen leuchten im Hintergrund auf?

»Ich hebe meine Augen auf zu den Bergen ...« Was der alte Psalmbeter schreibt, hat etwas mit der Erfahrung der Berge zu tun, wie sie der Vater vielleicht auch gemacht hat. So grandios sind sie und dadurch so nahe an Gotteserfahrungen, an Gott selbst. Die Angehörigen in ihrer Trauer können das vielleicht jetzt versuchen, ihre Augen zu den Bergen zu heben, denn alles in ihnen schreit danach, woher ihnen die Hilfe kommt, die Situation des Sterbens, des Verlassenwerdens, des Nie-mehr-wieder zu bewältigen.

Berge – auch wenn der Vater kein Kirchgänger war, wird er in den Bergen, wie so viele Menschen es beschreiben, vielleicht Gotteserfahrungen gemacht haben. Jetzt ist er seine letzte Wanderung angetreten, Gott selbst entgegenzutreten.

»Übern Berg sein« – der Vater hat die Krise der Krankheit nicht mehr in dieses Leben hinein zu neuer Gesundheit hin überwunden, aber vielleicht dürfen, können wir hoffen, dass er jetzt in einer anderen Weise über den Berg ist: Sicher, seine Schmerzen haben ein Ende, sein Leiden, seine Tränen – und vielleicht liegt hinter diesem Berg ein neues Land Gottes, in dem es keine Tränen und Schmerzen mehr gibt.

Bergwanderer – der Vater wusste, wie sehr man da auf andere und anderes angewiesen ist, auf das Wetter zum Beispiel, auf gute Steige, die andere angelegt haben, auf Seile, die einen halten, auf den Mitwanderer ... Er wusste, dass man's gut vorbereiten, aber nicht selber machen kann. So ging es ihm auch mit seiner Krankheit. Er hat alles getan, sie zu bekämpfen, aber er wusste auch, dass er seiner Zeit keinen Moment zufügen kann und hat sie und sich in Gottes Hand gegeben. Das Wissen und die Erfahrung des Vaters braucht es jetzt für die Angehörigen: zueinander stehen, den Lebensproviant und das für den steinigen Weg Notwendige teilen ...

Ein Bergfest feiern – wahrscheinlich ist den Angehörigen jetzt nicht nach einem Fest zumute. Mit dem Tod des Vaters ist aber auch ein Wendepunkt erreicht. Die Mühen, die die Zeit der Krankheit mit sich gebracht hat und die manchmal furchtbar schwer zu bewältigen waren, liegen jetzt hinter ihnen. Der Moment des Todes war für alle, die ihn miterlebt haben, ein heiliger Moment, eben ein Bergfest, das Kraft geben kann, den Vater nun bald der Erde zu übergeben und den mühsamen Weg ins jeweils eigene Leben ohne ihn unter die Füße zu bekommen.

Wie viele Glöckchen hat das Hospiz?

Ida Lamp

Nein, das ist keine Quizfrage. Sie glauben gar nicht, was man manchmal alles braucht, um dem Leben einen passenden Klang zu geben.

Ein russisch-orthodoxer Christ ist im Hospiz verstorben. Ein geliebter Ehemann und Vater, ein Bilderbuch-Opa mit weiß-grauem Haar und wunderschönen dunklen Augen. Eine Ikone hatte an der Wand in seinem Hospizzimmer gehangen. Sie war Symbol seiner Herkunft und Familie und feste Mitte seiner Frömmigkeit.
An die russisch-orthodoxe Gemeinde hatte er keine Anbindung. Die Familienmitglieder gehörten zum größeren Teil anderen christlichen Konfessionen an, und da ich ihn begleitet hatte, baten sie mich, eine Verabschiedung im Hospiz zu halten. Wir entschieden uns, dafür den Konferenzraum als Versammlungsort zu nutzen. Aus dem nüchternen Besprechungsraum sollte ein »Andachtsraum« werden.

Zu der Familie gehörten kleine Kinder und zu einem russisch-orthodoxen Gottesdienst gehören Glocken. Zwei Gründe dafür, dass zumindest Glöckchen zu seiner Verabschiedung dazugehören. Zumindest Glöckchen müssen her. Wie viele Glöckchen hat das Hospiz eigentlich? Und wo findet man sie?
Da gibt es einmal die Tischglocke im Stationären Hospiz: Patienten, die mit der Rufanlage Probleme haben oder allein im Café oder Wohnzimmer sitzen wollen, nutzen sie gerne, um auf sich aufmerksam zu machen. Und da gibt es noch ein kleines Glöckchen im Schrank, das in der Advents- und Weihnachtszeit zum Einsatz kommt. Zwei Glöckchen. Zu wenig. Das Tageshospiz – immer eine Fundgrube. Und richtig: Da gibt es doch glatt eine Mitarbeiterin, die Glöckchen liebt. Das ein und andere Glöckchen aus ihrem Fundus steht da im Tageshospiz auf dem Fernsehschränkchen, im Regal. Welch lieblicher Klang! Hell und klar. Sonor. Mit hallendem Nachklang. Drei weitere Glöckchen. Und da gibt es doch

noch die große Klangschale, die wir schon öfter für Feiern genutzt haben.
So können die Kinder für den Opa die Glocken läuten. So holen wir mit unseren kleinen Glöckchen einen Hauch von großer Liturgie in den Konferenzraum.
Mit der Familie treten wir vor Gott und bereiten dem Großvater den Weg: Hallo, Gott, unser Opa kommt, rufen wir mit den Glöckchen. Unserer kleinen Glöckchen unendlicher Klang ist unserer Hoffnung Ruf: Herr K. wird unendlich leben, seine Liebe und Güte, seines Lebens Klänge werden kein Ende haben.

Im Raum ist natürlich die Ikone des Großvaters, die sein ganzes Leben begleitet hat. Kerzen brennen. Wir haben eine CD mit russisch-orthodoxen Gesängen, von denen wir einige abspielen, weil sie zum Leben des alten Mannes gehört haben: »Die Schar der Heiligen hat die Quelle des Lebens und die Pforte des Paradieses gefunden, lass auch mich diesen Weg finden …« »Ich bin das Abbild deiner unaussprechlichen Herrlichkeit, obwohl ich die Narben der Sünde trage … schenke mir meine ersehnte Heimat zurück …« »Lass ruhen, o Herr, die Seele deines verstorbenen Dieners …«
Um der Seele den Übergang in ein anderes Leben zu erleichtern, werden während der gesamten Zeit vom Versterben bis zur Beerdigung Gebete für die Ruhe des Entschlafenen gelesen. Diese Gesänge, unsere Gebete und Gedanken und die Glöckchen der Kinder, aller Klang wird wie der Weihrauch zu Gott aufsteigen.

Abschiednehmen braucht immer auch Fantasie!

Licht soll werden

Ida Lamp

Zu den Vorbereitungen jeder Abschiedsliturgie gehört es, sich zu vergegenwärtigen, was die oder der Verstorbene gerne mochte, was zu seinem Leben gehörte, was er oder sie sich für den Abschied wünschte. Gibt es einen Gegenstand, der in der Begleitung aufgefallen ist und der jetzt zum Zeichen, zum Symbol werden könnte?
Welche Werte, Worte, Bilder, Fotos, Texte, Lebenserfahrungen, welches Vermächtnis hinterlässt der/die Verstorbene?
Welche Beziehung und Bindung war im Miteinander der Familie oder in Begegnungen mit Freunden zu spüren, von welchen Menschen wurde besonders erzählt?
Wie christlich, gläubig oder wie sonst religiös, spirituell war sie/er?
Gab es in der Begleitung bevorzugte Zeichen, Gebete, Texte?

Ein konkretes Beispiel

Eine Osterkerze steht auf dem Nachtschränkchen; sie war schon Gesprächsanlass zu Lebzeiten der Person. Sie soll nun Symbol für die Verabschiedung werden.
Mit den Angehörigen gemeinsam wird der Raum für die »Verabschiedung« vorbereitet, weggeräumt, was nicht mehr hergehört. Ein Blumenstrauß kommt auf den Tisch, ein schönes Tuch wird bereitgelegt und Teelichter, Untersetzer, Streichholz und die Osterkerze stehen auf dem Tischchen bereit.

Die Situation eröffnen:

Bewusstmachen/zur-Sprache-Bringen, wo wir sind, was geschehen ist, warum wir jetzt da sind, was wir tun, was dann geschehen wird.
Das Abschiednehmen ins Wort bringen, aussprechen, was sinnlich (sehen, hören, spüren, greifen/fühlen/berühren, schmecken) erfahrbar ist.

In Worte fassen, was sich mir als Liturgie-Leiterin darstellt, was ich wahrnehme, gehört habe: Hilflosigkeit, Trauer, Schmerz, Verlust, Wut – aber auch Liebe, Dankbarkeit, Treue usw. – Erinnerungen, Begegnungen, Sprachlosigkeit

Das Symbol einführen, in einen Ritus einbinden:

Die Aufmerksamkeit auf die Osterkerze lenken, indem sie jetzt erst angezündet wird:

- ➛ Sie brennt, wurde oft angezündet, ist bereits heruntergebrannt.
- ➛ Ihre besondere Funktion: Erinnerung an das letzte/ein früheres Osterfest, stellt Verbindung her zu guter Zeit, zur Liturgie der Kirche, zum Glauben, zur Gemeinde …
- ➛ Aufgreifen, wann wir Kerzen im Alltag nutzen und was sie da für uns »tun«: warmes Licht, Vertrautheit, Wärme, Atmosphäre usw. und dann ihr »Mehr« an Bedeutung erläutern: Manche begleitet die Kerze durchs Leben: Taufkerze, Kommunionkerze/Konfirmationskerze, Hochzeitskerze – für jeden bedeutenden Übergang im Leben; Osterkerze, hier wird sie zur Sterbekerze, zur Erinnerungskerze an Leben und Glauben der verstorbenen Person, ein Hoffnungslicht, dass nicht alles zu Ende ist mit ihrem Tod, zum Licht, das die Angehörigen mitnehmen können in ihr weiteres Leben hinein, das an die Wärme und Geborgenheit erinnern wird, die sie durch den Verstorbenen erfahren haben. Er oder sie war Licht für die Angehörigen.

  Die Angehörigen werden nun eingeladen, sich ein Teelicht zu nehmen und es an der Osterkerze anzuzünden. Während des nun folgenden Segens halten sie dieses Licht in der Hand.

Dieses kleine Licht leuchtet eurem Abschied.
Mit seinem Flackern ist es ein Zeichen der Unsicherheit und Trauer.
Entzündet an der Osterkerze von N.N. ist es aber auch Zeichen der Verbundenheit mit ihm/ihr. Alle Erinnerungen, die dankenswert sind, lassen wir noch einen kleinen Moment an uns vorbeiziehen. Er/sie hat Ihr Leben wie ein Licht begleitet und so gibt er Ihnen jetzt vielleicht den Auftrag, Licht füreinander zu sein in diesen schweren Tagen.

Zum Gebet überleiten:

Das Licht des Lebens leuchtet uns – auch im Angesicht des Todes. Wir hoffen auf das unvergängliche Licht, das uns in Jesus Christus aufgeleuchtet ist. Zu seinem und unserem Vater wollen wir beten:
Vater unser …
Jesus schenkt Licht und Leben. N.N. hat Anteil an diesem niemals verlöschenden Licht und Leben in der Taufe geschenkt bekommen.
Herr, schenk ihr/ihm das ewige Leben und das ewige Licht leuchte ihr/ihm. Amen.

Segen des/der Verstorbenen und der Trauernden

(Zum Verstorbenen gewendet)
Gott, mehr als sein Leib,
der sich jetzt schon verändert hat
und der uns bald ganz entzogen wird,
ist uns der Name
dieses Menschen geblieben –
diesen Namen sprechen wir hier aus,
N.N.

Wir nennen ihn mit Ehrfurcht, Zuneigung und Dankbarkeit
und bitten:
Herr, Gott, erinnere dich seines/ihres Namens,
den er/sie von Menschen empfangen hat,
auch nach seinem/ihrem Tode,
des Namens, den du geschrieben hast
in die Fläche deiner Hand,
ins Buch des Lebens.

Zum Zeichen unserer Hoffnung, dass Gott diesem Menschen und uns allen einen neuen, im Licht der Unsterblichkeit strahlenden Leib geben wird, und als Zeugnis unseres Glaubens an die Auferstehung segne ich diesen toten Leib
† im Namen des Vaters und des Sohnes und des Heiligen Geistes. Amen.

(Zu den Anwesenden)
Gott segne auch uns, damit wir in seinem Licht bleiben
† im Namen des Vaters und des Sohnes und des Heiligen Geistes. Amen.

Bitten Sie nun die Anwesenden, die Teelichter ans Bett des/der Verstorbenen zu stellen, wenn das geht, oder im Raum bei der Osterkerze aufzustellen. (Anschließend an diese Feier kann man nun auch die Osterkerze und/oder die Teelichte für eine Zeit in den Raum der Stille/die Kapelle der Einrichtung stellen.)

Abschiedsritual mit Blumen

Ida Lamp

Derjenige, der die Situation, das Ritual gestaltet, spricht ein paar einleitende Worte:

Wenn wir trauern, bringen wir Blumen, um unsere Liebe zu zeigen
und unserer Trauer Ausdruck zu geben.
N.N. hat uns viel geschenkt
in seinem/ihrem Leben.
Wir möchten ihm in unserer Weise
dadurch Ausdruck geben,
dass wir eine Blume auf sein/ihr Bett legen.

Einladung an die Umstehenden:
Wer mag, kann ein Wort sagen, womit er oder sie beschenkt worden ist und wofür er oder sie jetzt dankt, und dazu eine Blume aufs Bett von N.N. legen.

Alle erhalten eine kleine Blume – vorher besorgt, stehen in einer Vase am Bett – die sie aufs Bett legen können, mit und ohne Wort.
Daran kann ein gemeinsames Vaterunser anschließen, das man so oder ähnlich einleitet:
All unsere Gedanken und unsere Bitten für den Verstorbenen bringen wir vor Gott. Wir tun das, indem wir jetzt gemeinsam beten, wie Jesus uns zu beten gelehrt hat.
Danach spricht die Person, die das Ritual anleitet, den Segen über den Toten und über die Lebenden.

Zum Toten gewendet
Gott segne dich und behüte dich.
Gott behüte deine Seele.
Gott behüte deinen Ausgang und deinen Eingang
von nun an bis in alle Ewigkeit.
Amen.

Zu den Lebenden gewendet
Uns segne Gott
mit dem wärmenden Licht der kommenden Tage,
der barmherzigen Ruhe der Nächte
und der Kraft, die uns zum Leben leitet.
Amen.

Ich sehe deine Tränen

Ida Lamp

Für das Abschiednehmen wird in diesem Modell eine Ausdrucksform gewählt, die Beteiligung einfordert. Mitfeiernde sind eingeladen, auf angefertigten »Tränen« aus Papier ihrer Trauer mit Sätzen, Fragen, Worten, Bildern Ausdruck zu verleihen. Kugelschreiber und Wachsmalstifte werden zum Papier dazugelegt, um ebenfalls zum Tun anzuregen. Auch die Wahl des Papiers, aus dem die Tränen gefertigt sind, kann schon appellativen und symbolischen Wert haben. Mit Papier in Regenbogenfarben appellieren sie, der Vielfalt Ausdruck zu verleihen, aber auch schon Hoffnungsaspekte zu benennen. Das bereitgehaltene Papier kann auf seine Weise ansprechen, die Tränen in der Vielfalt der Möglichkeiten zu gestalten. Auf schwarzem Papier kann man kaum malen; es symbolisiert die Trauer als dunkles, perspektivloses Erleben. Es lässt Menschen eher die Träne allein ablegen, ohne noch selbst etwas mit dem Papier zu machen: *Ist ja schon alles ausgedrückt, schwarz sieht alles für mich aus.* Bunte Farben können schrill wirken, aber auch Vielfalt zeigen und anregen. Sie schreien vielleicht danach, mit Schwarz übermalt zu werden – und damit tut jemand schon etwas für seine Trauer! Auf pastosen Farbtönen lässt es sich gut schreiben und malen.
Das Thema »Ich sehe deine Tränen« lädt einerseits Trauernde ein, Trauer zu zeigen, andererseits ist es eine Aufforderung an andere, Menschen in ihrer Trauer wahrzunehmen. Hinsehen hat heilende Kraft. Trauer Ausdruck geben, sie sichtbar machen, ist etwas Aktives, Anstrengendes, den ganzen Menschen – und nicht nur die Tränenkanäle – Einforderndes. Nicht Rückzug und Erstarrung helfen die Situation lindern, sondern ein aktives Auseinandersetzen mit unseren Erfahrungen und das »Veröffentlichen« von Emotionen, auch wenn sie sich nicht in geweinten, sondern in symbolischen Tränen zeigen.

Im Rahmen einer größeren Verabschiedungsfeier könnten Sie die gestalteten Papiertränen lochen und an langen Schnüren mithilfe eines kleinen

Bändchens befestigen. Dadurch entsteht ein großer Vorhang aus Tränen, einem Wasserfall ähnlich, der in dem Raum oder der Kirche sichtbar werden kann. So verdeutlichen sie die Verbundenheit mit allen Anwesenden nach dem Verlust eines Kindes bzw. eines Bruders oder einer Schwester.

Ein Weihrauch-Ritus

Ida Lamp

Vielleicht gedenken Sie mit einer kleinen Gruppe eines Verstorbenen oder mehrerer Toter. Sie haben Zeit, eigene Erinnerungen an Begegnungen zu benennen. Diese erzählten Erinnerungen könnten Sie mit einem Weihrauch-Ritus wie folgt einleiten:

Unsere geteilten Erinnerungen sind wie Gebete, die wir vor Gott tragen. Wir sagen damit: Sieh doch, Gott, auf diesen einzigartigen Menschen, mit dem du uns beschenkt hast. Wecke in uns die Hoffnung auf unvergängliches Leben für unsere Toten und ein Wiedersehen bei dir.
»Unser Gebet steige auf zu dir wie Weihrauch vor dein Angesicht« heißt es in einem liturgischen Text. In einer Zeit der Stille wollen wir mit diesem Weihrauch dem Gedanken Raum geben, dass unsere Erinnerungen eben nicht Schall und Rauch sind, sondern Gebete vor Gott.

Mit solchen einführenden Worten laden Sie die Menschen, die Abschied begehen, dazu ein, von ihren Erfahrungen mit dem jetzt Verstorbenen zu erzählen. Jeder kann dann für die Gedanken an den Verstorbenen, die geglückten und versäumten oder misslungenen Begegnungen zu Lebzeiten, die Wünsche für den Verstorbenen Weihrauchkörner in die Hand nehmen. Sie werden nach dem Erzählen auf glühende Kohlen gelegt, damit der Rauch – ein Symbol für das Gebet – vor Gott aufsteigen kann. Dazu kann man eine einfache metallene Schale verwenden oder auch kleine verzierte Fässchen, die es speziell für Weihrauch gibt, nehmen.
Manchmal ist es gut, kurz über den Weihrauch und seinen Gebrauch zu informieren:
Weihrauch ist das ätherische Harz des Weihrauchbaums oder -strauchs. Es gibt nicht »den« Weihrauch, sondern eine große Vielfalt von Harzen, die in ihrer Zusammensetzung stark variieren können und zudem in unterschiedlichen Mischungen angeboten werden. Ähnlich wie bei Wein, Parfum oder Tabak gibt es auch beim Weihrauch verschiedene Sorten und Qualitäten.

Wenn Menschen von dem Rauch schlecht wird, so ist das (sofern nicht sozialisationsbedingte Traumatisierungen der Grund sind) meist eine Frage der Qualität. Empfindsame Leute berichten davon, dass ihnen auch ein schlechtes Parfum »buchstäblich Übelkeit erregt«. Schlechter Weihrauch kann neben Unwohlsein auch eine Reizung der Stimmbänder hervorrufen, während einige Sänger vor dem Auftritt qualitativ hochwertigen Weihrauchduft einzuatmen pflegen, um Stimmbandentzündungen vorzubeugen.

In der Apotheke, in manchen Devotionalienläden und Esoterik-Läden, im Klosterlädle (s. u.) werden Sie beraten und erhalten Sie hochwertigen Weihrauch.

Alle Teilnehmenden können selbst ein Weihrauchkorn einlegen. Eine solche Praxis widerspräche zwar dem katholischen Ritus, nach dem nur der Priester ins Weihrauchfass »einlegen« kann, entspräche aber umso mehr der christlichen Auffassung vom allgemeinen Priestertum der Gläubigen. Da das Tun außerhalb einer katholischen Liturgie und ohne klassisches liturgisches Gerät stattfindet, muss niemand Skrupel haben, bei diesem Ritus mitzumachen. Er begeht auch als Katholik kein Sakrileg.

Der Geruch des Weihrauchs entsteht beim Erhitzen auf glühenden Kohlen. Bei normaler Temperatur sind die Körner aus Gummiharz, die an der Luft getrocknet wurden, fast geruchlos. Weihrauch kostet ab ca. 3 Euro pro 50 Gramm. Weihrauch und auch Gefäße zum Verbrennen finden Sie zum Beispiel im Klosterlädle in Stuttgart.
Sie können dort bestellt werden: Breitscheidstraße 47, 70176 Stuttgart; Fax: 07 11 / 61 34 24; E-Mail: info@klosterlaedle.de; www.klosterlaedle.de.

Durststrecken bestehen – ein Wasser-Ritus

Ida Lamp

Jede Erfahrung von Trauer und Abschied ist auch Erfahrung einer Durststrecke, Erfahrung von Wüste. Das hat mich auf die Idee gebracht, unserem abschiedlichen Leben in einer symbolischen Handlung Ausdruck zu geben:
Daher der Krug mit Wasser und die Gläser, die da in unserer Mitte auf dem Tuch bereitstehen.

Wir können einander zusagen, dass es Wasser gibt für unsere Durststrecken. Ich lade Sie dazu ein, nacheinander in die Mitte zu treten, einen Schluck Wasser in ein Glas zu füllen und es der jeweils Nächsten zu reichen mit einem guten Wort. Das ist dann auch Segen – einander ein gutes Wort mit auf den Weg geben.

Ich segne zuvor dieses Wasser:

Schwester Wasser,
Gott segne dich,
damit du uns Unterpfand dafür wirst,
dass wir Durststrecken meistern,
Wüsten bestehen,
mit diesem abschiedlichen Leben leben können.
Im Namen des Vaters und des Sohnes und des Heiligen Geistes. Amen.

Es segne und behüte uns und alle, die trauern um einen lieben Menschen, der barmherzige und gute Gott, Er, der Anfang und das Ende, die Quelle und das Ziel allen Lebens. Amen.

Gedenksteine sind wir – Abschieds-Rituale mit Steinen

Ida Lamp

Wir STEINE
Wenn einer uns hebt
Hebt er Urzeiten empor –
Wenn einer uns hebt
Hebt er den Garten Eden empor –
…
Wenn einer uns hebt
Hebt er Billionen Erinnerungen in seiner Hand
Die sich nicht auflösen im Blute
Wie der Abend.
Denn Gedenksteine sind wir.
Alles Sterben umfassend.
…
Nelly Sachs

Das Judentum kennt den Brauch, bei dem Besuch eines Grabes einen Stein auf das Grab oder den Grabstein zu legen. Ein Stein ist etwas Bleibendes, Festes. Steine sind Zeichen für Dauerhaftigkeit, Verlässlichkeit, Zuverlässigkeit und Stabilität; sie sind Symbole für Ewigkeit, Treue und Unsterblichkeit. So können Steine auf vielfältige Weise in die Feiern zum Abschied eines Menschen einbezogen werden. Hier ein paar Beispiele:

Möglichkeit A:
In einem Lied wird von einem kleinen Stein gesungen, der ins Wasser fällt und dort weite Kreise zieht.
So war unsere Erfahrung mit N.N. Er hat einen weiten Kreis ins Wasser des Lebens eines jeden von uns gezogen.

Wir legen alle einen Stein auf das Bett von N.N. und denken daran, was er/sie für mein Leben bedeutet hat.

Möglichkeit B:
Wir haben hier einen kleinen Korb mit Schmucksteinen und Alltagssteinen. Wir legen damit hier im Raum einen Kreis für den Lebenskreis von N.N., der sich heute geschlossen hat. Jede/r ist eingeladen, sich einen Stein zu nehmen und ihn hier vor dem Bett hinzulegen, indem er/sie eine Eigenschaft von N.N. nennt, an die er/sie sich erinnert.

Möglichkeit C:
Material: Korb mit größeren Steinen, Stifte, z.B. Eddings, die auf den Steinen schreiben
Wir machen heute Gedenksteine für N.N., auf die wir unseren Dank schreiben für dieses Leben, das er mit uns geteilt hat.
Diese Steine legen wir hier im Zimmer am Bett von N.N. ab.
Anschließend laden Sie dazu ein, die Steine als Erinnerung mit nach Hause zu nehmen, wenn der Verstorbene vom Bestatter abgeholt worden ist.
Alternativ:
(a) Andere Orte für die Steine ansprechen: Einladungen die Steine – im Raum der Stille zu seiner Gedenkkarte oder zu Hause im Garten abzulegen.
(b) Gefühle der Trauer auf die Steine schreiben und sie in sein Grab bei seiner Beerdigung werfen.

Möglichkeit D:
Jede/r kann sich einen Stein aussuchen aus einem Korb und ihn in der Hand halten.

Dazu sagen Sie:
Kein Stein ist wie der andere. Jeder ist einzigartig. In jedem liegen Billionen von Jahren verborgen. Manche hat das Wasser ganz rund geformt; andere haben Zacken, Ecken und Kanten. Manche haben Einschlüsse, Linien und Rillen.
Die Steine werden wir von hier mitnehmen. Sie sollen uns nicht nur erinnern an den einzigartigen Menschen N.N., an seine Ecken und Kanten, an

das, was das Leben aus ihm gemacht hat, an das, was er in unserem Leben bewegt hat und uns an Halt gegeben hat. Wir werden uns in den nächsten Stunden an ihnen festhalten als ein Unterpfand des Lebens, dass unsere Verbindung unzerstörbar und unvergänglich ist.

In der Bibel wird Christus »Leben spendender Fels« (1 Kor 10,4) und als »Eckstein« eines unvergänglichen Hauses (Apg 4,11) bezeichnet – und jeder Mensch, so dürfen wir sicher im Bild sagen – ist ein Stein in diesem Haus Gottes.

Möglichkeit E:
Einen Stein mit etwas für den Toten Wichtigem beschriften – oder als Mitarbeitende etwas für die Begegnungen der letzten Tage Wichtiges aufschreiben. Den Stein kann man dann auch an jemanden verschenken, der bei der Verabschiedung nicht dabei sein konnte – als Zeichen gemeinsamer Verbundenheit und Trauer.

Neues Leben kann werden – Ein Ritual mit der Rose von Jericho

Ida Lamp

Wer dieses leblose Etwas zum ersten Mal sieht, hält es nicht für möglich, dass daraus in kurzer Zeit ein grünes, flach ausgebreitetes Gewächs entstehen kann.
Die »Rose von Jericho« wird diese Pflanze genannt. Sie ist in wasserarmen, tropischen Gebieten heimisch. Sie kann lange Zeit in lufttrockenem Zustand ausdauern, ohne dass sie eingeht. Und dann, wenn sie nur etwas Feuchtigkeit findet, wird sie wieder grün, wächst und gedeiht.
Pilger haben diese Pflanze wohl schon im Mittelalter nach Europa gebracht; in manchen Gegenden gibt es den Brauch, sie nur zu Weihnachten – wenn bei uns nichts blüht und die Gärten leer und karg aussehen – zum Grünen zu bringen.
Sie mag für uns in vieler Hinsicht ein Symbol sein:
Herr/Frau N.N. ist in seiner/ihrer Zeit hier im Hospiz noch einmal ein wenig aufgeblüht.
Die Trauer um ihn/sie lässt die, die ihn/sie geliebt haben, jetzt das Leben grau, dürr und trocken erfahren. Aber das Leben lässt sich nicht vom Tod und von der Trauer erjagen: Es wird wieder grün und lebendig, sagt die vertrocknete Pflanze.
Sie sagt auch, dass es fürs Grün-Werden bestimmter Bedingungen bedarf. Im Leben von uns Menschen ist das nicht nur Wasser, es ist Trost und Nähe, Freundschaft und Erinnerung und vieles andere mehr, was uns lebendig weiterleben lässt nach dem Verlust eines geliebten Menschen.
Für Christinnen und Christen gilt die »Rose von Jericho« auch als Symbol der Auferstehung: als Sinnbild dafür, dass aus unseren Wüsten neues Leben werden kann, dass kein Tod nur Tod ist …

Für Jesus von Nazareth war das Leben unvergänglich, weil er daran geglaubt hat, dass Gott ein Ja zum Leben sagt, das er niemals zurücknimmt. Für einige von uns ist er der Garant dafür, dass die Liebe stärker ist als der

Tod. Und so lasst uns gemeinsam mit den Worten beten, die er seinen Freundinnen und Freunden hinterlassen hat:

Vater unser …

Gott,
N.N. hatte eine gute Wahrnehmung für die kleinen Dinge,
für den Sonnenstrahl, der die Welt in ein warmes Licht taucht,
für die Fische im Aquarium.
Lass für uns seine/ihre Lebensfreude in Erinnerung behalten.
Lass uns wie er/sie immer wieder Anlass finden,
uns unseres Lebens zu freuen,
die kleinen und großen Gründe zur Lebenslust zu entdecken
und das Leben zu feiern.

Biblische Texte

Bezogen auf den konkreten Menschen wird die ganze Bibel eine Schatztruhe sein, Worte für den Abschied zu finden. Leitend kann dabei einmal sein, was mir als Begleiterin aufgrund der Gespräche zu Lebzeiten oder jetzt mit den Angehörigen an Bibelstellen in den Sinn kommt. Zum anderen kann es natürlich biblische Texte geben, die zum Leben des Verstorbenen dazugehörten: sein Konfirmationsspruch etwa, ein Trauspruch, ein Lebensmotto. Besonderer Aufmerksamkeit bedarf es, mitzubekommen, welche Übersetzung für den verstorbenen Menschen oder seine Angehörigen vertrauter klingt.
Hier nur eine kleine Auswahl an Texten, die unmittelbar mit der bleibenden Zugehörigkeit zu Gott, dem Sterben, der Trauer und Auferstehung zu tun haben.

Jesaja 43
So spricht der Herr: »Fürchte dich nicht, denn ich habe dich erlöst; ich habe dich bei deinem Namen gerufen; du bist mein!«

Kohelet (Prediger) 3
Alles hat seine Zeit. Für jedes Geschehen unter dem Himmel gibt es eine bestimmte Zeit: eine Zeit zum Gebären und eine Zeit zum Sterben, eine Zeit zum Pflanzen und eine Zeit zum Abernten der Pflanzen.

Ijob 19,25-27
Doch ich weiß: Mein Erlöser lebt, als Letzter erhebt er sich über den Staub. Ohne meine Haut, die so zerfetzte, und ohne mein Fleisch werde ich Gott schauen. Ihn selber werde ich dann für mich schauen; meine Augen werden ihn sehen, nicht mehr fremd. Danach sehnt sich mein Herz in meiner Brust.

Weisheit 1,13-14a
Denn Gott hat den Tod nicht gemacht und hat keine Freude am Untergang der Lebenden. Zum Dasein hat er alles geschaffen.

Johannes 14,19
Christus spricht: Ich lebe, und auch ihr werdet leben.

Johannes 11,25
Ich bin die Auferstehung und das Leben. Wer an mich glaubt, wird leben, obgleich er stirbt.

Johannes 14
Jesus Christus spricht:
Euer Herz lasse sich nicht verwirren. Glaubt an Gott und glaubt an mich. Im Haus meines Vaters sind viele Wohnungen. Wenn es nicht so wäre, hätte ich euch dann gesagt: Ich gehe, um einen Platz für euch vorzubereiten? Wenn ich gegangen bin und einen Platz für euch vorbereitet habe, komme ich wieder und werde euch holen, damit auch ihr dort seid, wo ich bin.

1 Korinther 15,1-22
Die Auferweckung Christi und der Christen:
1 Ich erinnere euch, Brüder (und Schwestern), an das Evangelium, das ich euch verkündet habe. Ihr habt es angenommen; es ist der Grund, auf dem ihr steht.
2 Durch dieses Evangelium werdet ihr gerettet, wenn ihr an dem Wortlaut festhaltet, den ich euch verkündet habe. Oder habt ihr den Glauben vielleicht unüberlegt angenommen?
3 Denn vor allem habe ich euch überliefert, was auch ich empfangen habe: Christus ist für unsere Sünden gestorben, / gemäß der Schrift,
4 und ist begraben worden. / Er ist am dritten Tag auferweckt worden, / gemäß der Schrift,
5 und erschien dem Kephas, dann den Zwölf.
6 Danach erschien er mehr als fünfhundert Brüdern zugleich; die meisten von ihnen sind noch am Leben, einige sind entschlafen.
7 Danach erschien er dem Jakobus, dann allen Aposteln.
8 Als Letztem von allen erschien er auch mir, dem Unerwarteten, der »Missgeburt«.
9 Denn ich bin der geringste von den Aposteln; ich bin nicht wert, Apostel genannt zu werden, weil ich die Kirche Gottes verfolgt habe.
10 Doch durch Gottes Gnade bin ich, was ich bin, und sein gnädiges Handeln an mir ist nicht ohne Wirkung geblieben. Mehr als sie alle habe ich mich abgemüht – nicht ich, sondern die Gnade Gottes zusammen mit mir.

11 Ob nun ich verkündige oder die anderen: Das ist unsere Botschaft, und das ist der Glaube, den ihr angenommen habt.
12 Wenn aber verkündigt wird, dass Christus von den Toten auferweckt worden ist, wie können dann einige von euch sagen: Eine Auferstehung der Toten gibt es nicht?
13 Wenn es keine Auferstehung der Toten gibt, ist auch Christus nicht auferweckt worden.
14 Ist aber Christus nicht auferweckt worden, dann ist unsere Verkündigung leer und euer Glaube sinnlos.
15 Wir werden dann auch als falsche Zeugen Gottes entlarvt, weil wir im Widerspruch zu Gott das Zeugnis abgelegt haben: Er hat Christus auferweckt. Er hat ihn eben nicht auferweckt, wenn Tote nicht auferweckt werden.
16 Denn wenn Tote nicht auferweckt werden, ist auch Christus nicht auferweckt worden.
17 Wenn aber Christus nicht auferweckt worden ist, dann ist euer Glaube nutzlos und ihr seid immer noch in euren Sünden;
18 und auch die in Christus Entschlafenen sind dann verloren.
19 Wenn wir unsere Hoffnung nur in diesem Leben auf Christus gesetzt haben, sind wir erbärmlicher daran als alle anderen Menschen.
20 Nun aber ist Christus von den Toten auferweckt worden als der Erste der Entschlafenen.
21 Da nämlich durch einen Menschen der Tod gekommen ist, kommt durch einen Menschen auch die Auferstehung der Toten.
22 Denn wie in Adam alle sterben, so werden in Christus alle lebendig gemacht werden.

2 Korinther 5,1

Denn wir wissen: Wenn unser irdisches Haus, diese Hütte abgebrochen wird, so haben wir einen Bau, von Gott erbaut, ein Haus, nicht mit Händen gemacht, das ewig ist im Himmel.

Römer 14,8-9

Leben wir, so leben wir dem Herrn,
sterben wir, so sterben wir dem Herrn.
Darum: Ob wir leben oder sterben,
wir sind aufgehoben beim Herrn.

Literarisches und Gebetstexte

Mittlerweile gibt es eine Reihe von guten Textsammlungen:

Lis Bickel, Daniela Tausch-Flammer (Hg.), In meinem Herzen die Trauer, Freiburg, Basel, Wien 1998.
Sylvia Brathuhn et al., Manchmal wird ein Wort zum Zeichen, Gütersloh 2005.

Daher haben wir hier nur eine kleine Auswahl von Texten zusammengestellt.

Einschlafen dürfen, wenn man müde ist, eine Last fallen lassen,
die man lange getragen hat, ist eine wunderbare Gabe.
Hermann Hesse

Beim Öffnen der Knospen
und in der Wärme des Sommers
erinnern wir uns an sie

Beim Rauschen der Blätter
und in der Schönheit des Herbstes
erinnern wir uns an sie

Zu Beginn des Jahres
und wenn es zu Ende geht,
erinnern wir uns an sie

Wenn wir müde sind
und Kraft brauchen,
erinnern wir uns an sie

Wenn wir verloren sind
und krank in unserem Herzen,
erinnern wir uns an sie

Wenn wir Freuden erleben,
die wir so gern teilen würden,
erinnern wir uns an sie

Solange wir leben,
werden all unsere Toten auch leben,
denn sie sind nun ein Teil von uns,
wenn wir uns an sie erinnern
aus dem jüdischen Totengebet

Alles vergehet, Gott aber stehet
Ohn alles Wanken; seine Gedanken,
Sein Wort und Wille hat ewigen Grund.
Sein Heil und Gnaden, die nehmen nicht Schaden,
Heilen im Herzen die tödlichen Schmerzen,
Halten uns zeitlich und ewig gesund.

Kreuz und Elende, das nimmt ein Ende;
Nach Meeres Brausen und Windes Sausen
Leuchtet der Sonnen gewünschtes Gesicht.
Freude die Fülle und selige Stille
Hab ich zu warten im himmlischen Garten;
Dahin sind meine Gedanken gericht'.
Paul Gerhardt
(Der Text wurde vertont von Johann Georg Ebeling: Die güldne Sonne)

Gebet
Herr: unser kleines Leben – ein Inzwischen,
Durch das wir aus dem Nichts ins Nichts enteilen.
Und unsre Jahre: Spuren, die verwischen,
Und unser ganzes Sein: nur ein Einstweilen.

Was weißt du, Blinder, von des Stummen Leiden!
Steckt nicht ein König oft in Bettlerschuhn?

Wer sind wir denn, um richtend zu entscheiden?
Uns ward bestimmt, zu glauben und zu tun. –
Laß du uns wissen, ohne viel zu fragen.
Lehr uns in Demut schuldlos zu verzeihn.
Gib uns die Kraft, dies alles zu ertragen,
Und laß uns einsam, nicht verlassen sein.
Mascha Kaléko

Der Tod hat keine Bedeutung.
Ich bin nur nach nebenan gegangen.
Ich bleibe, wer ich bin,
und auch ihr bleibt dieselben.
Was wir einander bedeuten,
bleibt bestehen.

Nennt mich bei meinem vertrauten Namen.
Sprecht in der gewohnten Weise von mir
und ändert euren Tonfall nicht.

Hüllt euch nicht in Mäntel
aus Schweigen und Kummer.
Lacht wie immer über die kleinen Scherze,
die wir teilten.

Wenn ihr von mir sprecht,
so tut es ohne jegliche Reue und Traurigkeit.
Leben bedeutet immer nur Leben.
Es bleibt so bestehen –
immer ohne Unterbrechung.

Ihr seht mich nicht,
aber in Gedanken bin ich bei euch.
Ich warte eine Zeit lang auf euch
irgendwo – ganz in der Nähe
nur ein paar Straßen weiter.
aus Irland

Herbst (1902)
Die Blätter fallen, fallen wie von weit,
als welkten in den Himmeln ferne Gärten;
sie fallen mit verneinender Gebärde.

Und in den Nächten fällt die schwere Erde
Aus allen Sternen in die Einsamkeit.

Wir alle fallen. Diese Hand da fällt.
Und sieh dir andre an: es ist in allen.

Und doch ist Einer, welcher dieses Fallen
Unendlich sanft in seinen Händen hält.
Rainer Maria Rilke

Wenn ich gestorben bin,
singt keine traurigen Lieder.
Pflanzt keinen Baum über mein Grab.
Ich will ruhen unter dem Rasen,
den der Regen nässt und der Tau berührt.
Lasst mich ruhen!
Doch – wenn ihr wollt: Erinnert euch!
Irischer Segenswunsch

Mondnacht
Es war, als hätt der Himmel
Die Erde still geküsst,
Dass sie im Blütenschimmer
Von ihm nun träumen müsst.

Die Luft ging durch die Felder,
Die Ähren wogten sacht,
Es rauschten leis die Wälder,
So sternklar war die Nacht.

Und meine Seele spannte
Weit ihre Flügel aus,
Flog durch die stillen Lande,
Als flöge sie nach Haus.
Joseph von Eichendorff

O Trost der Welt, du stille Nacht!
Der Tag hat mich so müd gemacht,
Das weite Meer schon dunkelt,
Lass ausruhn mich von Lust und Not,
Bis dass das ewge Morgenrot
Den stillen Wald durchfunkelt.
Joseph von Eichendorff

Wir sind mitten im Leben
zum Sterben bestimmt,
was da steht, das wird fallen.
Der Herr gibt und nimmt.

Wir gehören für immer
dem Herrn, der uns liebt;
was auch soll uns geschehen,
er nimmt und er gibt.

Wir sind mitten im Sterben
zum Leben bestimmt;
was da fällt, soll erstehen.
Er gibt, wenn er nimmt.
Lothar Zenetti

Aus: Lothar Zenetti, Auf Seiner Spur. Texte gläubiger Zuversicht (ToposPlus 327).

Unsre Tage zu zählen, lehre uns.
Dann gewinnen wir ein weises Herz.
Psalm 90,12

In jedem Segen ist es Gott, der segnet,
in jedem guten Wort und Handeln begegnet
dem Menschen Liebe, die beglückt und leben lässt.

In schweren und in guten Zeiten
will Segen unsre Herzen weiten
mit Lebenskraft und Glaubens-Sinn.

So gehen wir auf bunten Lebenswegen –
gestundet ist die Zeit – entgegen
dem, der auch meine Zeit in seinen Händen hält.

Wenn wir auch sterben müssen,
wir sollen segnend wissen,
dass alle Zeitlichkeit von Gott gesegnet ist:

das, was wir lassen müssen,
die, die wir nie mehr küssen,
stehn unter Gottes gutem Wort.

Das Zeitliche getrost zu segnen,
gewiss, dass Liebe Liebe wird begegnen –
das ist uns aufgetragen,
das lasst uns segnend weitersagen.
Ida Lamp

Ich glaube keinen Tod; sterb ich gleich alle Stunden,
So hab ich jedes Mal ein besser Leben funden.
Angelus Silesius

Jeder fühlt, dass er etwas Anderes ist, als ein von einem Andern einst aus Nichts geschaffenes Wesen. Daraus entsteht ihm die Zuversicht, dass der Tod wohl seinem Leben, jedoch nicht seinem Dasein ein Ende machen kann. [...]
Je deutlicher einer sich der Hinfälligkeit, Nichtigkeit und traumartigen Beschaffenheit aller Dinge bewusst wird, dest deutlicher wird er sich auch der Ewigkeit seines inneren Wesens bewusst [...]
Arthur Schopenhauer

Mitten im Leben sind wir vom Tod umfangen.
Kehr's um! Mitten im Tod sind wir vom Leben umfangen,
so sagt es und glaubt es ein Christ.
Martin Luther

Nun sich das Herz von allem löste,
was es an Glück und Gut umschließt,
komm, Tröster, Heiliger Geist und tröste,
der du aus Gottes Herzen fließt.

Nun sich das Herz in alles findet,
was ihm an Schwerem auferlegt,
komm, Heiland, der uns mild verbindet,
die Wunden heilt, uns trägt und pflegt.

Nun sich das Herz zu dir erhoben
und nur von dir getragen weiß
bleib bei uns, Vater. Und zum Loben
wird unser Klagen. Dir sei Preis!
Jochen Klepper (1903-1942)

Trostlied am Totensonntag, aus: Ders., Ziel der Zeit, Gesammelte Gedichte, Luther-Verlag, Bielefeld, 7. Auflage 2003

Wenn ich einmal soll scheiden,
so scheide nicht von mir.
Wenn ich den Tod soll leiden,
so tritt du dann herfür.
Wenn mir am allerbängsten
wird um das Herze sein,
so reiß mich aus den Ängsten
kraft deiner Angst und Pein.

Erscheine mir zum Schilde,
zum Trost in meinem Tod,
und lass mich sehn dein Bilde
in einer Kreuzesnot.
Da will ich nach dir blicken,
da will ich glaubensvoll
dich fest an mein Herz drücken.
Wer so stirbt, der stirbt wohl.
Paul Gerhardt, 1656

Seele Christi, heilige mich.
Leib Christi, rette mich.
Blut Christi, tränke mich.
Wasser der Seite Christi, wasche mich.
Leiden Christi, stärke mich.

O gütiger Jesus, erhöre mich.
Verbirg in deinen Wunden mich.
Von dir lass nimmer scheiden mich.
Vor dem bösen Feind beschirme mich.
In meiner Todesstunde rufe mich
und heiße zu dir kommen mich
mit deinen Heiligen zu loben dich
in deinem Reiche ewiglich. Amen.
Gebet aus dem 14. Jahrhundert

Ave Maria oder Gegrüßet seist du, Maria (katholisch)
Gegrüßet seist du, Maria,
voll der Gnade,
der Herr ist mit dir.
Du bist gebenedeit unter den Frauen,
und gebenedeit ist die Frucht deines Leibes, Jesus.
Heilige Maria, Mutter Gottes,
bitte für uns Sünder
jetzt und in der Stunde unseres Todes.
Amen.

Es segne dich Gott, der Vater, der dich nach seinem Ebenbild geschaffen hat. /
Es segne dich Gott, der Sohn, der dich durch sein Leiden und Sterben erlöst hat. /
Es segne dich Gott, der Heilige Geist, der dich zu seinem Tempel bereitet und geheiligt hat. /
Der Dreieinige Gott sei dir gnädig im Gericht und schenke dir das ewige Leben.

aus: Agende für Evangelisch-Lutherische Kirchen und Gemeinden, Bd. III, Teil 5: Die Bestattung, S. 35.

Gott des Lebens,
wir glauben und bekennen in vielen Stimmen,
dass du deinen Sohn von den Toten auferweckt hast
und auch unserem Toten – N.N. neues Leben schenkst.
Heute ist es allein unsere Sehnsucht, die uns zu dir bringt.
Wir klagen dir, ob du denn nichts anderes als Tod für uns bereithältst.
So stehen wir vor dir, Glaubende und Zweifler zugleich.
Erfülle uns – Lebende und Tote – mit deinem unvergänglichen Leben,
stärke uns mit deiner Liebe,
tröste uns in der Erfahrung unserer Gemeinschaft, die du stiftest.

Darum bitten wir durch Jesus Christus, unseren Erlöser, und in der Kraft des Heiligen Geistes, Eures heil bringenden Atems. Amen.
Ida Lamp

Gott,
unsere Stunden sind gezählt. Wir vertrauen aber darauf, dass unsere Zeit in deinen Händen steht. Du birgst N.N., dessen/deren Lebenszeit heute zu Ende gegangen ist, in deiner Ewigkeit. Um Glauben und Hoffnung bitten wir dich, der du lebst und uns liebst heute und alle Tage unseres Lebens und in Ewigkeit. Amen.
Ida Lamp

Mitten im Leben – der Tod.
Wir sind erschrocken.
Wir sind sprachlos.
Alle Bemühungen: umsonst.
Jetzt halten wir inne und kommen zu dir, Gott.
Die Apparate sind abgestellt.
Es braucht keine Medikamente mehr,
keinen Sauerstoff,
keine Spritzen.
Unser Latein war zu Ende.
Wir halten inne, Gott, ehe wir zum nächsten Patienten gehen,
ehe wir wieder bei einem anderen all unsere Kraft einsetzen,
das Leben zu verlängern, das Leiden zu lindern und Gesundheit wiederherzustellen.
Mitgehender Gott, wir bitten dich um deinen Wege-Segen für den letzten Weg von Frau N.N./Herrn N.N., dem wir mit unseren menschlichen Möglichkeiten nicht mehr zum Leben helfen konnten.
Du hast sein/ihr Leben erschaffen und wirst es in Ewigkeit erhalten. Nimm sie/ihn auf in dein himmlisches Reich.
Lass sein/ihr Leben einmünden in dein Leben, wie ein Fluss im Meer mündet.

Geh mit uns, wenn wir uns wieder an die Arbeit begeben, und bewahre uns den Mut, den wir brauchen, um dieses Leben zu wagen.
Lehre uns bedenken, dass wir sterben müssen, auf dass wir klug werden.
Quelle unbekannt

Gott, segne und behüte uns,
Gott, lass dein Angesicht über uns leuchten und sei uns gnädig.
Gott erhebe sein Angesicht auf uns
und schenke uns Frieden. Amen.
Numeri 6,24-26

Barmherziger Vater,
N.N. ist gestorben.
Sie/Er hat schon lange bei uns im Altenheim gelebt, war auf unsere Pflege und Begleitung angewiesen.
Wir hoffen, dass wir unser Bestes gegeben haben, um ihm/ihr das Leben in der Zeit des Alters zu erleichtern. In diesen letzten Stunden bitten wir um Vergebung für alles, was uns gefehlt hat: für unseren Mangel an Geduld und Aufmerksamkeit, an Achtsamkeit und Zuwendung.
Für Herrn/Frau
ist die Zeit der Pilgerschaft zu Ende, wie es unsere Tradition sagt. Befreie ihn/sie von allem Bösen und lass ihn/sie heimkehren in deinen ewigen Frieden. Öffne ihm eine ewige Wohnung bei dir, wo es keine Leiden und Gebrechen mehr gibt und aller Schmerz ein Ende findet.
Gib ihm/ihr die Erfüllung seiner/ihrer Sehnsüchte und vollende sein/ihr Leben in dir. Lass sie/ihn dein Angesicht schauen. Amen.
Quelle unbekannt

Wunsch an den Verstorbenen

Jetzt, da der Tod an deine Tür klopft und dich herausholt aus dem Kreis der Menschen, mit denen du gelebt hast, erwartet dich Gott. Er mache dir den Abschied leicht und sende dir deinen Engel als Wegbegleiter beim Übergang in das ewige Leben.
Er trete mit dir durch das unbekannte Tor des Todes, hinein in das Licht, dorthin, wo du Frieden und Ruhe findest.
Gott erlöse dich von deinen Ängsten und Sorgen; er schenke dir Freude, dass du ihn schauen kannst; er vergebe dir all deine Schuld; er heile all deine Wunden; er zeige dir deine wahre Heimat und lasse dich glücklich sein mit ihm und all denen, die vor dir gelebt haben.
Quelle unbekannt

Besinnung

Ein wichtiger Mensch ist aus deinem Leben fortgegangen. Der Partner/in an deiner Seite, dein/e Freund/in, dein/e Ratgeber/in, dein/e Weggefährte/tin, dein/e Vater/Mutter, dein/e Bruder,/Schwester ist nicht mehr da. Er/Sie hat die letzte irdische Tür hinter sich geschlossen und seinen/ihren Lebensweg beendet, um die Tür zu Gott zu durchschreiten. Für ihn/sie beginnt nun eine neue Bestimmung. Wir müssen zurückbleiben. Uns bleiben nur die Erinnerungen. Er/Sie hat Spuren in deinem Leben hinterlassen, schöne und schmerzliche Gedanken verbinden dich mit ihm/ihr. Lass diese Gedanken zu, denn du öffnest damit die Türen deines Herzens. Sprich deine Gedanken und Erinnerungen aus, so bleiben die lebendig und du erfährst Trost, weil auch andere diese Gedanken mit dir teilen können.
Quelle unbekannt

Lebendiger Gott, du hast vor wenigen Stunden N.N. zu dir gerufen.
N.N. hat aufgehört zu atmen.
Wir geben sie/ihn aus unseren Händen in deine Hände,
Gott.
Aus unseren Händen …
Plötzlich brechen alle unsere Bemühungen ab.

Unsere Pflege. Unsere Sorge.
Unsere Hände können nichts mehr tun.
Unser Streicheln bleibt ohne Antwort.
... in deine Hände, Gott.
Wenn uns etwas hält in dieser Stunde, dann dies:
dass du da bist, Gott.
Dass deine Hände sie/ihn nun halten.
Und dass deine Hände uns halten.
Aus unseren Händen in deine Hände, Gott.
Geertje-Froken Bolle

Aus: Gudrun Mawick (Hg.), In allen Geschichten suche ich dich. Gebete für Hausbesuche, Gütersloh 2000 (S. 102)

Wir nehmen Abschied von:
...
Wer sie/ihn lieb gehabt hat, trage diese Liebe und Achtung weiter.
Wen sie/Wen er lieb gehabt hat, danke ihr/ihm alle Liebe.
Wer ihr/ihm etwas schuldig geblieben ist an solcher Liebe in Worten und Taten, bitte Gott um Vergebung.
Und wem sie/er wehgetan haben sollte, verzeihe ihr/ihm, wie Gott uns vergibt, wenn wir ihn darum bitten.
So nehmen wir Abschied mit Dank für alles Gewesene und im Frieden.
Lasst uns das in der Stille tun.
Ida Lamp

Christus, bewahre mich.
Christus, beschütze mich.
Christus, nimm mich auf in deine Wohnstatt.
Christus, gib mir Kraft.
Christus, heilige mich.
Christus, rette mich vor der ewigen Verdammnis.
Im Leben und im Tod steh du uns bei,
Christus.
Irisches Gebet

Psalmen

In der Bibel finden Sie das Buch der Psalmen, eine jahrtausendealte Sammlung von Gebeten. Auch die Gesang- und Gebetbücher der christlichen Kirchen enthalten eine Auswahl an Psalmen. (Übertragungen etc. s. u.)
Viele hochbetagte Sterbende und ihre Angehörigen haben in ihrer Kindheit und Jugend im Religionsunterricht und der Vorbereitung auf Erstkommunion und Konfirmation Lieder und Psalmen auswendig gelernt, die sie bis heute rezitieren können. Es ist wichtig, beim Aufgreifen dieser Tradition möglichst die Bibelübersetzung zu wählen, die den Betenden vertraut ist (z. B. die Luther-Übersetzung). Der altbekannte Wortlaut trägt die, die ihn hören, und vermittelt Sicherheit, oft auch dann, wenn es lange keine Kontakte zu den Kirchen gab, aus denen die Gebete bekannt sind.
Auch in den Gesang- und Gebetbüchern der christlichen Kirchen und Gemeinschaften finden Sie Psalmen, zumindest in Auswahl, und auch Übertragungen von diesen alttestamentlichen Gebeten in unsere heutige Sprache und auch Angleichungen an unsere Lebenssituationen.
Wenn Sie die biblischen Psalmen vortragen oder gemeinsam beten, ist es gut, wenn Sie sie zeitlich und sprachlich ein bisschen einordnen.

Zum Beispiel:
Angesichts des Sterbens und des Todes eines Menschen droht uns, dass wir sprachlos werden. Manchmal ist es dann nötig und auch hilfreich, sich der Sprache von Menschen zu bedienen, die lange vor uns gelebt, gelitten und den Tod erfahren haben wie wir. So spreche ich jetzt den Psalm ..., der zur jüdisch-christlichen Gebetstradition gehört.

Oder:
Lasst uns miteinander beten mit den Worten des Psalms ...
Dieses Gebet verbindet uns mit Frauen und Männern, die Jahrtausende vor uns gelebt haben und die mit diesen Worten ihre Erfahrungen von Schmerz und Traurigkeit, Werden und Vergehen, aber auch die Erfahrung von Gottes Hilfe und Barmherzigkeit zum Ausdruck gebracht haben. So sprechen wir:

Oder:
Lasst uns miteinander beten mit den Worten des Psalms ... Die Bibel hat uns diese Worte von Frauen und Männern überliefert, die trotz allem die Erfahrung machten, Gott begleitet uns Menschen und hält uns – auch in dunkler Zeit. So lasst uns beten ...

1 Der Herr ist mein Hirte,
nichts wird mir fehlen.
2 Er lässt mich lagern auf grünen Auen
und führt mich zum Ruheplatz am Wasser.
3 Er stillt mein Verlangen;
er leitet mich auf rechten Pfaden,
treu seinem Namen.
4 Muss ich auch wandern in finsterer Schlucht,
ich fürchte kein Unheil;
denn du bist bei mir,
dein Stock und dein Stab geben mir Zuversicht.
5 Du deckst mir den Tisch
vor den Augen meiner Feinde.
Du salbst mein Haupt mit Öl,
du füllst mir reichlich den Becher.
6 Lauter Güte und Huld
werden mir folgen mein Leben lang,
und im Haus des Herrn
darf ich wohnen für lange Zeit.
Aus Psalm 23

Der Herr ist mein Licht und mein Heil;
Vor wem sollte ich mich fürchten?
Der Herr ist die Kraft meines Lebens;
Wovor sollte mir grauen?
Aus Psalm 27

Herr, auf dich vertraue ich;
lass mich nimmermehr zuschanden werden,
errette mich in deiner Gerechtigkeit!
In deine Hände befehle ich meinen Geist.
Du hast mich erlöst, Herr, du treuer Gott.
Aus Psalm 31

Meine Seele, warum bist du betrübt
und bist so unruhig in mir?
Harre auf Gott; denn ich werde ihm noch danken,
meinem Gott und Retter, auf den ich schaue.
Aus Psalm 42

Das Beten bzw. Hören der alten Gebete verbindet uns mit Menschen aus vielen Zeiten und an vielen Orten. Die Texte sind über Jahrhunderte gesprochen und meditiert worden und laden uns ein, ihnen auf ausgetretenen Wegen zu folgen.
Gleichzeitig ist der Weg mit, zu, in Gott immer der je eigene Weg, der meine ganz persönliche Sprache braucht, wenn ich meiner Sehnsucht Ausdruck verleihe und meine Klage formuliere.
Ein mittlerer Weg liegt darin, mich dem großen Strom der Psalmen anzuschließen und sie in meine Sprache zu übertragen.
Anneliese Lissners Texte lassen sich lesen als »Endprodukte« eines solchen Prozesses; sie können auch zu eigenen, neuen Texten anregen.

Diese und viele weitere Psalmen finden Sie unter den Schriften des Alten Testaments der Bibel. Im Folgenden bieten wir Ihnen ein paar Übertragungen in unsere Sprache und Verstehenswelt an, die viele Menschen vielleicht sehr persönlich ansprechen können.

Erschöpft
Höre mich an, Gott.
Meine Kräfte zerfallen.
Meine Seele ist tief verstört.
Ich bin erschöpft von meinen Klagen.
Meine Augen sind blind vor Kummer und Leid.

Du hörst mein Weinen, tröste mich.
Aus meiner Verzweiflung rette mich.
Schenk mir Ruhe und Frieden
In deinem weiten Land.
Anneliese Lissner nach Psalm 6

Vergangen wie Rauch

Mein Gott, hör mich klagen.
Mein Schreien, meine lautlose Stimme,
sie soll ankommen, hör auf mich.

Wie Rauch ist mein Leben vergangen.
Mein Herz ist verdorrt wie Gras.
Vor Schmerz bin ich nur noch Haut und Knochen.
Wie eine Eule in öden Ruinen
Bin ich wach und klage.
Ich rufe wie ein einsamer Vogel,
zeig mir dein Gesicht, ewiger Gott.

Lass es Morgen werden nach meiner Nacht.
Lass mich einschlafen, aufwachen
in deinem ewigen Tag.
Anneliese Lissner nach Psalm 102

Bring mich nach Hause

Meine Seele klebt am Boden:
Durch ein gutes Wort, dein Wort, belebe mich.
Meine Seele zerfließt vor Kummer:
Richte mich auf durch ein Wort, dein gutes Wort.
Meinem schwachen Fuß ist es eine Leuchte,
ein warmes Licht für meinen harten Weg.
Lass meine Seele leben in deiner ewigen Liebe.
Ich bin verirrt wie ein verlorenes Schaf,
such mich unter den Dornen und Schmerzen,
bring mich meiner Mutter, bring mich nach Haus.
Anneliese Lissner nach Psalm 119

Auf Händen getragen
Wer im Schutz des Höchsten wohnt
und ruht im Schatten des Allmächtigen,
der spricht zu dir: Meine Zuflucht, meine Burg.
Mein Herz ist voll Vertrauen!

Ich bin gerettet aus der Schlinge des Jägers.
Ich bin beschirmt unter den Flügeln meines Engels.
Schrecken der Nacht brauche ich nicht zu fürchten.
Kein giftiger Pfeil wird mich am Tag heute treffen.
Keine Pest, die anschleicht im Finstern.

Von Engeln bin ich ringsum behütet.
Auf Händen werden sie mich zu dir tragen,
du wartest, du kennst meinen Namen,
dann wird alle Finsternis hell.
Anneliese Lissner nach Psalm 91

Geschenk meines Lebens
Behüte mich, du mein Gott,
denn ich vertraue dir.
Du gabst mir das Leben,
den Becher der Freude.
Alles Glück meiner Tage,
es war ein Geschenk.
Du hältst mein Los in den Händen,
dir vertrau ich mich an.
Dein Engel ist bei mir in der Nacht.
Nichts muss ich fürchten.
Du zeigst mir den Weg,
ich will ihn gehen voll Vertrauen.
Anneliese Lissner nach Psalm 16

Du hältst mich

Ich will dich loben.
Gott, meine Stärke, meine Burg, meine Zuflucht;
Mein Liebe, meine Heilung, meine Retterin!
Mich umfangen die Fesseln des Todes,
das Dunkel des Nichts überfällt mich,
ich schreie zu dir, beschütze mich!
Du ergreifst meine Hand, du hältst mich.
Du ziehst mich heraus aus gewaltigen Wassern.
Mit dir springe ich über die Mauer des Todes,
du schaffst meinen Schritten weiten Raum.
Du machst meine Finsternis hell.
Anneliese Lissner nach Psalm 18

Wenn ich ankomme bei dir

Gott ist mein guter Hirte,
nichts wird mir fehlen.
Lagern werde ich auf grünen Wiesen,
mich erfrischen und ruhen am Wasser.
Auch wenn ich jetzt wanke
durch eine finstere Schlucht,
ich muss mich nicht fürchten.
Mein Engel ist bei mir,
sie hält meine Hand.
Wenn ich ankomme bei dir,
ist mein Tisch schon gedeckt.
Du badest meine schwachen Füße
in duftendem Öl.
Dann füllst du mir reichlich den Becher.
Ich werde zu Hause sein bei dir
immer und immer.
Anneliese Lissner nach Psalm 23

Luft zum Atmen

Hör auf mich, Gott, höre mein Stöhnen,
schweig nicht zu meinen Tränen.
Ich spüre, wie meine Lebenskraft verrinnt,
wie viele Tage bleiben mir noch?
Nur wie ein Schatten erscheint mir die Welt,
ein Hauch die Menschen, die kommen und gehen.
Hör auf mich, Gott, höre mein Stöhnen,
schweig nicht zu meinen Tränen.
Nimm mir die Angst, die mich erdrückt.
Gib mir Luft zum Atmen.
Mach meine Augen hell,
lass mich hineinschauen
in dein schönes Licht,
in deine Ewigkeit.
Anneliese Lissner nach Psalm 39

Ein Lebenslauf

Ein langer Weg: mein Leben; ich denke zurück
an den Anfang, Schöpferin Liebe, mein Gott!
Du hast mich gebildet im Schoß meiner Mutter,
im Wasser des Lebens geformt meine Glieder.
An der Hand treuer Eltern mein Kindsein behütet,
mir Freunde geschenkt und Lehrer für Vieles.

Kein leichter Weg, Gott, sein Leben selbst zu gestalten,
mit Arbeit und Liebe,
dem Bedürfnis nach Brot und nach Rosen.
Not und Enttäuschung, Schuld,
Tränen des Leids und der Reue;
du hast sie gesehen, vergeben, vergessen,
mich bei dir gehalten, auch wenn ich mich wehrte.

Ob ich sitze oder stehe, du weißt von mir.
Von weitem erspürst du, was ich denke.
Ob ich laufe oder ruhe, du kennst meinen Puls.
Du bist vertraut mit all meinen Wegen.
Du umschließt mich von vorn und von hinten.
Deine Hand liegt segnend auf mir.

Ich danke dir, Gott, für deine Liebe und Treue,
dass du mich ertragen und mit mir gelitten
und mir immer von neuem vergeben hast.
Wenn mein Weg sich endet,
ich werde mich nicht fürchten.

Meine Seele wird bei dir sein wie ein Vogel,
allen Netzen der Jäger ist sie entkommen.
Das Netz wird zerreißen, ich spanne die Schwingen:
Auffliegen zu dir! Ich bin ich frei.
Anneliese Lissner – mit Motiven aus einigen Psalmen

Segen

Vom Segnen

Ida Lamp/Karolin Küpper-Popp

Vor und in den Anfängen der biblischen Zeit hatte Segen mit der Übertragung von Kraft zu tun. Vielen ist diese Vorstellung aus der biblischen Geschichte von Jakob und Esau bekannt, die im Buch Genesis/1 Mose 27 nachzulesen ist. Da ist es der Sterbende, der den Lebenden segnet, um ihn mit einer besonderen Lebenskraft auszustatten.

Der Vorgang des Segnens wurde sehr materiell verstanden: Die einmal fortgegebene Lebensenergie war fort. Das Geschehen konnte nicht rückgängig gemacht, der Segen nicht wiederholt werden, da die Kraft bereits bei einem Nachkommen angelangt war.

Erst mit der Zeit entwickelte sich ein vertieftes Segensverständnis: Die Menschen kamen mehr und mehr zu der Einsicht, dass die Kraft des Lebens immer die unbegrenzte Kraft Gottes selber ist. Was gesegnet wird, wird also auf Gott zurückgeführt, in Gottes Kraftfeld gestellt, seinem Schutz anheim gegeben.

An der Grenze zwischen Leben und Tod kommt dem Segen eine besondere Bedeutung zu. Nachdrücklich schildern Menschen, wie sie den Segen ihres sterbenden Freundes erlebt haben. Dieser Segen lässt mich leben, sagen sie.

Im Segnen des Sterbenden oder Verstorbenen bekommt der Abschied eine erste Gestalt – auch wenn das Segnen das Leben dieses Menschen vielleicht gar nicht begleitet hat.

In seiner christlichen Bedeutung ist Segnen Erinnerungszeichen an die Taufe. Das deutsche Wort ist hergeleitet vom lateinischen »signare« (= bezeichnen). Es erinnert an das Kreuz Jesu, mit dem die Christinnen und Christen bezeichnet werden – als Zeichen ihrer Zugehörigkeit zu Christus und zur Gemeinschaft derer, die ihm nachfolgen, aber auch als Zeichen der Erlösung.

Im Segnen geschieht Erinnerung an das heilsame und über den Tod hinaus währende Handeln Gottes an uns. Als widersprüchliches, widerspenstiges Zeichen von Abschied, Trauer und Trost wird der Segen zum Zu-

sammenführen und Zeigen von Gemeinschaft und zum Symbol von Trennung und Loslassen.
Das Segnen ist auch das »benedicere« im Sinne des guten Wortes, das ich jemandem zuspreche: »Das hast du uns bedeutet und wirst du uns für unser ganzes weiteres Leben bedeuten, auch wenn wir dich jetzt lassen müssen«, sagt dann das Segnen. Und es sagt darüber hinaus: »Das wünsche ich dir, dass dein Leben von Gott angenommen ist, dass du bei ihm ankommst, neues Leben, Frieden, Heil, Wohnung, Ende des Leidens … finden wirst.«
Ein weiteres kommt hinzu: Mit dem Segen greife ich als segnender Mensch nicht allein in die Schatztruhe meiner Erfahrungen, Erinnerungen, Wünsche und Sehnsüchte (oder meiner Lebenskraft), sondern ich greife aus auf Gottes Zusage selbst: »In allem Segen ist es Gott, der segnet …«
Segen ist an dieser Stelle – und immer – Seelsorge. Seelsorge, so sagt es der Mainzer Krankenhausseelsorger Erhard Weiher für diese Abschiedssituation, »*segnet, was ist,* nicht nur den Verstorbenen. Der Segen gilt allen, er bedeutet: »Es ist alles gut.« Es ist *alles ganz schlimm,* so schlimm, wie man es vielleicht noch nie im Leben erfahren hat – *und es ist gut.* Hier ist ein heiliger Augenblick und der vermag diesen Widerspruch zu umfassen und ihn zugleich »aufzuheben«.«
Segnen ist ein urmenschlicher – religiöser – Vorgang, der in allen Religionen beschrieben wird. Als solcher ist es nicht besonders Beauftragten der Religionen vorbehalten.
Segnen geschieht mit dem Wort – daher liegt im Lateinischen und Griechischen der Akzent auf dem Sagen, den Worten – und er geschieht im Zeichen: in der Handauflegung auf den Kopf, die Stirn, die Schulter, im Kuss, im Bekreuzigen der Stirn oder des Körpers als Ganzem. Diese Zeichen haben in den christlichen Kirchen eine wechselvolle Geschichte durchlaufen. Jenseits dessen, was man zu dieser Geschichte anmerken könnte, darf man sagen: SeelsorgerInnen, BegleiterInnen (aus Pflege und ergänzenden Diensten) und Verantwortliche in Einrichtungen können die Anwesenden einladen, den Verstorbenen zu segnen: ihm oder ihr mit oder ohne Gesten ein gutes Wort zuzusagen.
Wenn der Mensch, von dem sie sich so verabschieden, verstorben ist, bleibt der Segen ein Zeichen dafür, dass sie ihn auch im Tod Gottes Gegenwart anvertrauen.

Dabei bleibt natürlich zu bedenken: Gehört mein Tun auch zum Verstorbenen selbst oder gehört es (nur) zu mir oder nur zu denen, die sich einen (liturgisch-rituellen) Abschied wünschen?
Einer sterbenden, bewusstlosen Frau, die aus der katholischen Kirche ausgetreten ist, deren Eltern für sie die Krankensalbung wünschen, darf ich dieses Sakrament nicht aufzwingen, nur weil sie sich nicht mehr wehren kann. Vielleicht aber kann den Eltern helfen, mit ihnen für die verstorbene Tochter zu beten. Vielleicht dürfen sie sie segnen, wie sie sie als Kind gesegnet haben – auch wenn es ausdrücklich nicht zur Tochter gehört.
Einem Menschen, der nicht an Gott geglaubt hat, darf ich kein Kreuz auf die Stirn machen. Dann würde ich seine Überzeugung nicht ernst nehmen. Aber darf ich ihm nicht ein gutes Wort zusprechen, von dem ich glaubend annehme, dass es von Gottes Zusage an uns Menschen getragen ist?
Einen verstorbenen Moslem darf ich als Nicht-Moslem nicht (bzw. nur mit Handschuhen!) anfassen. Ganz sicher darf ich einem Anders-Gläubigen weder im Wort noch im Zeichen meinen Glauben aufzwingen. Aber ich darf beispielsweise für den Moslem sein Glaubensbekenntnis sprechen, dass Gott einzig ist (im Zweifelsfall wäre so etwas immer mit den Angehörigen oder den Religionsvertretern vorher zu klären!). Und ich darf (vielleicht), wenn das unserem Kontakt entspricht, sagen: Gott segne dich – ohne übergriffig zu sein.
Auch hier gilt es, sorgsam die Situation zu prüfen. Wir bewegen uns auf einem schmalen Grat: Wir sind Gast im Leben der anderen, die bei ihrem Verstorbenen weilen, und wir sind Wegbereiter für die Zeit der Trauer. Es geht nicht um den medizinisch definierten Tod hier, und es geht nicht (nur) um die orthodoxen Vollzüge einer Religion: Wir geben Geleit, gehen leitend und begleitend hin und her zwischen den Welten. Die physische Welt ist gerade dabei zu verlöschen; das »Tor« zurück ins Leben ist verschlossen. Bis zum großen Abschied der Beerdigung oder der Seebestattung braucht es die Hinführungen daran, dass das Tor unwiderruflich zu ist. Unsere menschlichen Vorstellungen, unsere Emotionen durchschreiten dieses Tor noch, solange es einen erfahrbaren Kommunikationsraum mit dem Toten gibt. Noch kann er angefasst werden! Es geht hin und her zwischen dem Empfinden, dass er geht und doch noch da ist, »als ob er schliefe, als ob er wieder erwachte«. Die Zwischenräume be-

schreiten wir, nicht nur wenn wir religiöse Vorstellungen davon haben, dass es und wie es hinter diesem Tor des Todes weitergeht – zumindest in diesen ersten Stunden nach dem Tod, bis wir für dieses Leben (von Experimenten wie Einfrieren und Ähnlichem abgesehen) endgültig getrennt werden (und neue Wege der Begegnung werden finden müssen, wenn wir sie denn suchen).
Segnen stellt eine der Brücken dar in dieser »Zwischenzeitlichkeit«, indem sie die Schutzlosigkeit und das Preisgegebensein des Toten an den Tod dem größeren Geheimnis anvertraut, Lebens- und Todesgeschichte miteinander verknüpft und ausgreift auf die »gute Ordnung des Lebens«.

Segen über einen Schwerstkranken, über einen Sterbenden oder bereits Verstorbenen

Segnung der Stirn
Alles, was dir in den Sinn gekommen ist,
alles, was du gedacht und ersonnen hast,
alle deine guten Gedanken,
aber auch das Ungute in deinem Denken
sei gesegnet durch unseren dreifaltigen Gott.

Segnung der Hand
Alles, was du im Laufe deines Lebens in die Hand genommen hast,
alles, was du geschaffen hast und was dir durch dein Tun gelungen ist,
aber auch alles das, was dir im Laufe deines Lebens aus der Hand geglitten ist,
was dir missglückt ist und was du falsch gemacht hast,
alles, was du noch geplant hast,
was du noch anpacken wolltest,
was andere jetzt in deinem Sinne weiterführen sollen,
sei gesegnet durch unseren dreifaltigen Gott.

Segnung der anderen Hand
Gott sende dir seine Engel entgegen,
die dich beschützen,
die dich auf deinem Weg geleiten.
Sie nehmen dich an die Hand
(Oder: Der/die heilige ..., dein Namenspatron/deine Namenspatronin nehmen dich bei der Hand)
Sie führen und geleiten dich durch das dunkle Tal der Krankheit (und des Todes)
in das Reich des Lichtes und des göttlichen Lebens.
Pater Werner Pieper

Ergänzung:
Sie haben vielleicht erkannt, dass diese Segnung an die (katholische) Krankensalbung angelehnt ist, bei der die Stirn und die beiden Handinnenflächen gesalbt werden. Bitte gehen Sie damit ganz achtsam und zurückhaltend um, wenn Sie es mit traditionsgeprägten Menschen zu tun haben.
Im Segen bzw. in der religiösen Sprache wird traditionell das »Du« verwandt – der andere Mensch ist »Bruder« oder »Schwester« im Glauben. Es kann ganz angemessen sein, die distanziertere Sprachform des »Sie« zu wählen. Achten Sie gut darauf, was für die Situation, die Sie gestalten, passend ist.
Sie können den Ritus verändern, indem Sie Körperstellen bezeichnen, die für diesen Menschen wichtig, seine Erkrankung und Leiden bezeichnend sind; z. B.:

Segnung der Füße
Gott segne all die Wege, die du unter die Füße genommen hast.
Und all die Menschen, die dir Weggefährten waren auf deinem Weg.
Und Gott segne deinen letzten irdischen Weg, auf dem wir deinen Körper tragen werden.

Segnung der erblindeten Augen
Du hättest so gerne gesehen: Gott segne deine Augen, dass sie nun hell und dunkel unterscheiden und Farben und Gesichter wieder sehen können; ja, er schenke dir neue Augen, mit denen du ihn sehen kannst von Angesicht zu Angesicht.

Segen der Augen
Du hast uns immer liebevoll angeschaut, wie wir das vermissen werden. Wir segnen deine Augen, die für uns ein Segen waren, weil du uns immer Ansehen geschenkt hast.

Segen der Ohren
Wir segnen deine Ohren, weil wir immer wieder erfahren durften, dass du ein offenes Ohr für uns hattest. Möge vor Gott all das Bestand haben, was du uns mit deinem feinen Gehör an Gutem geschenkt hast.

Segen des Mundes
Wir segnen deinen Mund, aus dem so gute Worte für unser Leben gekommen sind. Wir segnen deine Lippen, über die auch manches strenge und bittere Wort gekommen ist. Möge Gottes Kraft alles, das Gute und das Strenge und Bittere, wandeln in Kräfte zum Leben.

Der Herr segne dich
und erwarte dich
am Ufer des Lebens im Licht –
jetzt, da der Tod alles Irdischen
an deine Türe klopft
und dich herausruft aus dem Land,
das dich ernährt,
aus dem Kreis der Menschen,
mit denen du gelebt hast.

Er mache dir den Abschied leicht
und schicke dir Seinen Engel entgegen,
der dich begleitet
durch das unbekannte Tor des Todes
und dich in das verheißene Land führt,
wo die Sonne nicht mehr untergeht.

Er erlöse dich von der Angst,
ins Leere zu fallen –
und schenke dir die Freude,
dass du Ihn schaust,
der all deine Schuld vergibt
und deine Wunden heilt,
die Wunden der Angst und
nicht erfahrener Liebe,
die Wunden des Schmerzes und
des nicht Gelungenen.

Er zeige dir deine wahre Heimat –
und lasse dich glücklich sein

in Seinem Himmel –
Ihm nahe und denen all,
die vor dir gelebt haben.

Das gewähre dir der Gott des Lebens,
der dem Tod die Macht genommen hat
und sich jetzt freut auf dich:
der Vater, der Sohn, der Heilige Geist.
Amen.
Quelle unbekannt

Gott segne und behüte dich
Gott segne deinen Ausgang und deinen Eingang
von nun an bis in Ewigkeit.
Gott nehme dich
in seinen ewigen Frieden auf. Amen.

Es segne dich Gott, der Vater,
der dich nach seinem Bild geschaffen hat.
Es segne dich Gott, der Sohn,
der dich durch sein Leiden und Sterben erlöst hat.
Es segne dich Gott, der Heilige Geist,
der dich zum Leben gerufen und geheiligt hat.
Gott der Vater und der Sohn und der Heilige Geist
geleite dich durch das Dunkel des Todes in sein Licht.
Er sei dir gnädig im Gericht
und gebe dir Frieden und ewiges Leben.
Lateinischer Sterbesegen, 8. Jh.

Nehmt Abschied, ihr Augen,
von allem, was ihr auf dieser Welt gesehen habt,
und richtet euch auf die Herrlichkeit des Schöpfers.
Nehmt Abschied, ihr Ohren,
von allem, was ihr auf der Welt gehört habt,
und hört auf die Worte der Gnade und Barmherzigkeit.
Nimm Abschied, du Mund,
von allen Worten, die du auf Erden gesagt hast,
und bereite dich, Dank und Ehre zu sagen.
Nehmt Abschied, ihr Hände,
von eurem Tun und Arbeiten auf dieser Erde
und öffnet euch, die Gaben der Ewigkeit zu empfangen.
Nehmt Abschied, ihr Füße,
von allen Wegen dieser Erde
und bereitet euch, den Weg in die lichte Heimat zu gehen.
Nehmt Abschied, ihr Gedanken,
von dieser Welt und richtet euch hin zur unendlichen Liebe.
Nimm Abschied, du Mensch,
von dieser Welt mit ihren Freuden und Leiden,
von denen, die du liebst, und von denen, die dich lieben,
und bereite dich, der alles umfassenden Liebe zu begegnen.
Diese unendliche Liebe vergebe dir alles, was dich von ihr geschieden hat, und gewähre dir den Eingang in das Reich der Freude und der Herrlichkeit.
Quelle unbekannt

Gott gehe den Weg des Schmerzes
und der Trauer mit euch.
Gott begleite und stärke euch,
Gott sei euch nahe mit seinem Frieden. Amen.
Sabine Sauerwein

Aus: Hanne Köhler u. Arbeitsgruppe: Gottesdienst, Trauerfeier/Beerdigung. Materialheft 67 der Beratungsstelle für Gestaltung, Frankfurt/Main 1993.

Gott,
begleite … aus diesem Haus,
bewahre ihren Leib,
bis er zurückkehrt zur Erde,
beschütze ihre Seele,
bis sie einkehrt zu dir, Gott.

Gott, begleite uns,
wenn wir zurückbleiben,
bewahre unsere Trauer,
beschütze unseren Mut,
wenn wir zurückkehren
ins Leben. Amen.

Heidi Rosenstock

Gott,
begleite … aus diesem Haus,
bewahre seinen Leib,
bis er zurückkehrt zur Erde,
beschütze seine Seele,
bis sie einkehrt zu dir, Gott.

Gott, begleite uns,
wenn wir zurückbleiben,
bewahre unsere Trauer,
beschütze unseren Mut,
wenn wir zurückkehren
ins Leben. Amen.

Gott segne deine Augen,
dass du weinen kannst
und nicht in der Kälte deiner Trauer erstarrst.

Gott segne deine Begegnungen,
damit du Menschen findest,
die dir geduldig und verstehend zuhören.

Gott segne deinen Mund,
damit du Worte findest für deine Trauer
und deinen Schmerz.

Gott segne deine Schritte,
dass du einen Weg findest in dein neues Leben.

Gott segne dein Herz,
dass deine Erinnerung wie ein Nest wird,
in dem du dich bergen kannst.

Gott segne dich damit,
dass dein Glaube nicht zerbricht

und deine Hoffnung wächst,
denn er sieht und hört, tröstet
und befreit unseren Tod
zu neuem Leben.
Ida Lamp

Gott,
du Gott der Dunkelheiten und des Lichts,
wir halten dir unsere Erfahrungen und Erinnerungen,
unsere Befürchtungen, Ängste und Hoffnungen hin,
damit du uns segnest:

Gott segne uns
mit der Kraft des Lichtes,
das alle Dunkelheiten zu durchdringen vermag.

Gott segne uns
mit der Behutsamkeit von Menschen,
die bei uns in schweren Zeiten aushalten.

Gott segne uns
mit dem Trost der Erinnerung,
die uns die Zukunft unter die Füße nehmen lässt.

Gott segne uns
mit der Hoffnung auf Leben,
das uns und unsere Toten umfängt und birgt.

Gott segne uns,
damit wir und unsere Toten Leben finden.

So segne uns Gott,
der Vater, der Sohn, in der Kraft beider heilbringenden Atems.
Ida Lamp

Der Herr segne dich
und stehe dir bei in deiner Not.
Er überlasse dich nicht
dem Abgrund der Hoffnungslosigkeit,
an dessen Rand deine Füße stehen.
Er sei dein Schutz und dein Halt,
wenn du die Enge der Verzweiflung spürst.

Er halte Seine sanften Hände über dir,
der Hüter Israels und aller,
die Ihm vertrauen.
Er führe dich durch den Tunnel
der Dunkelheit
ins Licht neuer Hoffnung.

Deinen wankenden Fuß, der nicht weiß,
ob es nächste Schritte gibt,
lasse Er wieder guten Boden spüren –
so wie in der Mitte der Nacht der neue Tag beginnt.

Er lenke deinen Blick auf die Weite des Himmels,
die uns ahnen lässt Seine Größe und Weisheit
und die Vielzahl Seiner Wege.
Sie wollen uns in die Freiheit führen
und in den Trost.

Das gewähre dir unser Gott, Jesus, der Sohn,
dessen Kreuz Ausweglosigkeit hieß
und den der Vater zum Leben befreite:
zum Bruder aller Menschen,
im Geist des Lebens und der Liebe. Amen
Quelle unbekannt

Gott stärke euch in eurer Trauer.
Er lasse euch wachsen und reifen
in allem, was lebendig hält.
Er schenke euch Trost und Zuversicht
in diesen schweren Stunden!
Er begleite euch allezeit!
Gott schütze und segne euch (uns),
damit euer (unser) Leben gelingt:
der Vater, der Sohn und der Heilige Geist. Amen.
Ida Lamp

Gott segne Sie
mit Tränen und Träumen
mit Kraft und Hoffnung
mit Weggefährten und Zukunft.

Gott segne Sie
mit Erinnerungen und Dankbarkeit
mit Fragen und Mut
mit Weggefährten und Zukunft.

Gott segne Sie
mit Vergeben und Vergessen
mit Aufgaben und Gelassenheit
mit Weggefährten und Zukunft.

So segnet uns Gott, der Vater, der Sohn und beider heilbringender Atem, der Geist – heute und alle Tage dieses Lebens. Amen.
Ida Lamp

Zum Verstorbenen gewendet:
N.N., es segne dich der lebendige Gott
mit neuem Leben;
er geleite dich zu ewigem Frieden.
Amen.

N.N.,
Gottes Engel geleite dich auf deinem letzten Weg zur ewigen Heimat.
Gott halte uns durch deinen heiligen Geist miteinander in Verbindung.
Amen.
Quelle unbekannt

Gott, sei neben uns
in Licht und Finsternis,
Gott, sei in uns
bei Tag und bei Nacht,
Gott, sei bei uns
im Leben und im Sterben,
jetzt und immer. Amen.
Quelle unbekannt

Der du allein der Ewige heißt
und Anfang, Ziel und Mitte weißt
im Fluge unserer Zeiten:
Bleib du uns gnädig zugewandt
und führe uns an deiner Hand,
damit wir sicher schreiten!
Jochen Klepper (1938)

Aus: Ders., Ziel der Zeit – Die gesammelten Gedichte. Luther-Verlag, Bielefeld 2003 (7. Auflage)

Der Herr behüte euch vor allem Übel,
er behüte eure Seele.
Der Herr behüte euren Ausgang und Eingang
von nun an bis in Ewigkeit.
nach Psalm 121,7.8

Der Segen Gottes, des Vaters,
des Sohnes und des Heiligen Geistes,
der dich bis hierher begleitet hat,
bleibe bei dir
alle Tage deines Lebens
und gebe dir die Kraft
für den Weg, der vor dir liegt.
Bursfelder Segen

Der Friede Gottes, der höher ist als alle Vernunft,
bewahre eure Herzen und Sinne in Christus Jesus.

Anhang

Faltblatt Aufbahrung

Es ist wünschenswert, die Informationen über Aufbahrung in einem ansprechenden – evtl. auch mit Fotos versehenen – Faltblatt für Patienten/Bewohner/Angehörige bereitzuhalten. Darin könnte Folgendes stehen:

Was Sie wissen sollten über ***Aufbahrung***

> ***Liebe Angehörige, lieber Angehöriger!***
>
> *Mit diesem Informationsblatt möchten wir Ihnen helfen, die Phase zwischen Sterben und Bestattung würdig zu gestalten.*
> *Vielleicht ist es Ihnen auch Anregung, mit Ihrem Angehörigen darüber zu sprechen, wie er oder sie sich seinen Abschied wünscht.*
> *Wenn Sie Unterstützung brauchen, stehen wir Ihnen gerne für ein Gespräch zur Verfügung.*
>
> *Ihr …*

Aufbahrung

Der Tod eines geliebten Menschen ist ein unwiederbringlicher Augenblick. Bis zu xx Stunden kann der oder die Tote offen aufgebahrt werden, um Abschied zu nehmen. (Auskunft über die Zeiten gibt das Ordnungsamt oder das Bestattungsunternehmen.)
Dazu gibt es vier Möglichkeiten:

- ***Aufbahrung zu Hause:*** *Sie können Ihren Angehörigen nach Hause überführen und dort aufbahren. Voraussetzung ist, dass ein eigener Raum zur Verfügung steht, der von niemandem sonst zur selben Zeit als Arbeits- oder Schlafraum genutzt wird. Sie dürfen im Bett und im Sarg aufbahren.*

- ***Aufbahrung im Verabschiedungsraum:*** *Verstorbene können noch bis zu xx Stunden in einem Verabschiedungsraum einer Institution [hier macht es Sinn, die hausüblichen Regelungen anzuführen] bleiben, damit Sie und andere, die Sie über den Tod informiert haben, sich in Ruhe verabschieden können.*
- ***Aufbahrung beim Bestatter:*** *Auch manche Bestattungsunternehmen bieten die Möglichkeit, Verstorbene in eigenen Räumen aufzubahren. [Hier könnten die Bestatter der unmittelbaren Umgebung, die Aufbahrungsräume anbieten, konkret benannt werden.]*
- ***Aufbahrung in der Leichenhalle:*** *Auf vielen Friedhöfen gibt es eigene Räume zur Aufbahrung von Verstorbenen. Erkundigen Sie sich, ob diese jederzeit frei zugänglich sind oder ob der Verstorbene nur hinter Glas aufgebahrt und zu festgelegten Zeiten besucht werden kann.*

Unser Verabschiedungsraum

[könnte an dieser Stelle mit einem Foto und mit ein paar Sätzen präsentiert werden; z. B.:]
Wir haben einen Aufbahrungsraum, in dem Verstorbene im Bett oder auch im Sarg aufgebahrt werden können. Dieser Raum ist nach Ihren Wünschen gestaltbar: Blumen aufstellen und Bilder aufhängen oder persönliche Gegenstände mitbringen. Wenn Sie möchten, kann eine Musik eingespielt werden. Hierbei unterstützen wir Sie gerne.

Wir oder der von Ihnen beauftragte Bestatter überlegen mit Ihnen zusammen, ob die offene Aufbahrung ohne größere Probleme und unter Wahrung der Würde des Verstorbenen möglich ist.

Es ist möglich, dass die Seelsorgerin N.N. /der Seelsorger N.N. oder andere MitarbeiterInnen helfen, dem Abschied aus dem Zimmer oder der Aufbahrung eine gute Gestalt zu geben. Ein gemeinsames Gebet, einen Text zu lesen, gemeinsam zu schweigen, kann tröstlich sein angesichts des schweren Abschieds.

Selbstverständlich steht es Ihnen frei, SeelsorgerInnen oder VertreterInnen Ihrer Religionsgemeinschaft für die Gestaltung des Abschieds [in unserer Einrichtung] hinzuzuziehen.

Bei Institutionen gehören in das Faltblatt auch die nötigen Informationen über Rahmenbedingungen, z.B.:
Wenn Sie sich für die Aufbahrung im Verabschiedungsraum entscheiden, sprechen Sie bitte mit N.N. Besuchszeiten ab.

... und was gut zu wissen ist ...

Es kann sein, dass wir veranlassen, den Sarg zu schließen, wenn wir das für nötig erachten.
Es kann aber auch sein, dass Sie selbst spüren: Jetzt ist er oder sie wirklich nicht mehr unter uns. Dann ist das vielleicht die richtige Zeit, sich auch äußerlich zu trennen und den Sarg zu schließen.

Manche Menschen finden es hilfreich, vom Toten ein Foto zu machen – scheuen Sie sich nicht, das zu tun oder jemanden darum zu bitten. Wir bewahren die Fotos gern für Sie auf. Wenn Sie diese Fotos dann doch nicht wollen, können Sie sie später vernichten; das Fotografieren kann man nie mehr nachholen.

Versehen Sie das Informationsblatt mit einem ansprechenden Text; etwa:
Alles hat seine Zeit: Es gibt eine Zeit, geboren zu werden, und eine Zeit zu sterben, eine Zeit, beisammen zu sein, und eine Zeit, sich zu trennen ... (Die Bibel, Kohelet 3)

Sammlung von Verabschiedungsritualen

Im Folgenden finden Sie eine Sammlung von Verabschiedungs- und Abschiedsritualen. Diese Sammlung soll Ihnen helfen, die für Ihre Einrichtung richtige Praxis zu finden. Sie kann also als Diskussionsgrundlage oder als Anregungspool genutzt werden.
Wir haben dabei unterschieden zwischen Gestaltungen im öffentlichen Raum der Einrichtung, im Zimmer des Verstorbenen, in der Kirche und im Jahreskreis.

In den öffentlichen Räumlichkeiten der Einrichtung:

- Eine Sterbeglocke wird geläutet.
- Eine Kerze im Eingangsbereich zeigt an, dass jemand verstorben ist.
- Vor der Tür des Bewohnerzimmers steht eine Blume, liegt ein Stein, eine Spruch- oder Foto-Karte – solange ein Verstorbener dort aufgebahrt ist – um zu erinnern, die Schwelle achtsam zu überschreiten.
- Im Raum der Stille (der Kapelle, einer Gedenkecke) brennt ein Licht, steht ein Namenskärtchen, liegt ein Stein, mit dem Namen des Verstorbenen, liegt ein »Gedankenbuch« für Abschiedssätze oder Erinnerungsfotos, mit den Todesanzeigen oder Totenzetteln, liegt ein »Lebensbuch« aus, mit dem an die Toten erinnert wird ...
- Im Essraum bleibt ein leerer Stuhl bis zum Tag der Beerdigung stehen; wird ein Bild des Verstorbenen mit einer schwarzen Schleife versehen aufgestellt. (Alle Riten, die den »Lebens-Raum« von Mitbewohnern betreffen, werden gemeinsam mit diesen besprochen und entschieden!)

Im Zimmer des Verstorbenen:

- Eine Duftlampe aufstellen.
- Eine Kerze anzünden.
- Einen Blumenstrauß oder eine einzelne Blume aufstellen.
- Christlich: Ein Kreuz aufstellen.
- Katholisch: Weihwasser bereitstellen und kleinen Zweig zum Besprengen des Verstorbenen.

- Eine Blume, ein kleines Handkreuz, einen Rosenkranz (katholisch), ein Foto der Lieben, ein Gegenstand, der symbolisiert, was dem Toten Halt gegeben oder ihn/sie in den letzten Tagen erfreut hat, dem Verstorbenen in die Hand geben (auf sein Bett legen).
- Leise, meditative Musik anstellen.
- Bestimmte Kräuter (oft Salbei, Rosmarin, Schafgarbe und Lavendel) verbrennen.
- Schale und Weihrauchkörner bereitlegen; jeder kann ein bisschen Weihrauch in die Schale legen für seine Wünsche für und Gedanken über den Verstorbenen; der Weihrauch wird später in einem Gottesdienst entzündet.
- Die nächste Schichtübergabe und Angehörige werden zur Verabschiedung ins Bewohnerzimmer eingeladen: Musik im Raum, jede/r bekommt ein Teelicht, das er/sie am Licht, das auf dem Nachttisch steht, anzünden und mit oder ohne Wort dazustellen kann, ein Vaterunser wird im Kreis um den Verstorbenen gebetet, Angehörige haben anschließend alleine Zeit zum Verweilen.

In der Kirchengemeinde – beim Sterben daheim:

- Sterbeglocke läuten nach der Benachrichtigung der Angehörigen.
- Vermelden des Todes und Gebet für den Verstorbenen im nächsten Gottesdienst am Tag.
- Entzünden einer Kerze auf dem Altar oder in einer speziellen Gedächtnisecke in der Kirche.
- Namen und Todesdatum in einem Netz in einer Kirchenecke verknüpfen. Totenzettel in einer Kirchenecke öffentlich machen, mit einer Kerze, einem Gebet versehen.
- Ein Abschiedsbuch für verstorbene Gemeindemitglieder führen, in dem Namen und Lebensdaten eingetragen werden oder in dem Angehörige selbst eine Seite des Gedächtnisses eintragen können oder in dem Gemeindemitglieder Sätze für die Angehörigen am Todestag selbst und in den Tagen bis zur Beisetzung eintragen können.

In den Wochen nach dem Tod:

- **Abschiedsbücher** von Hospizvereinen, von Altenheimen und anderen Pflegeeinrichtungen können in der Zeit zwischen Tod und Bestattung den Angehörigen zur Gestaltung einer Seite vorgelegt werden. Die Erfahrung zeigt, dass auch längere Zeit nach dem Tod des begleiteten Menschen Freunde und Angehörige das Abschiedsbuch als hilfreich empfinden; die Gestaltung bietet einen Anlass, wieder miteinander in Kontakt zu sein und ggf. Trauerbegleitung anzubieten oder fortzusetzen. Es verlangt eine große Sensibilität der Verantwortlichen in den Einrichtungen, zum angemessenen Zeitpunkt zu einem Eintrag einzuladen.

> »Unsere Abschiedsbücher helfen, die Erinnerung nicht zu verlieren: jede Seite erzählt mit einem Foto, den Lebensdaten und einem Text von einem Menschen, der bei uns gelebt hat.«
>
> *Ute Reimann* (Sozialpädagogische Mitarbeiterin im Hospiz Luise, Hannover)

- **Verabschiedungs- und Gedenkgottesdienste** für die Mitarbeitenden, die ja meist nicht zur Beerdigung gehen können, aber auch für Angehörige, die auf die Urnenbeisetzung warten, die sich nicht nur vom Verstorbenen, sondern ja auch von der Klinik, dem Altenheim, dem Hospiz und seinen Mitarbeitenden verabschieden müssen!

Bekanntmachung der Praxis im Internet oder Pfarrbrief

1.
Die Katholische Pfarrei Maria Himmelfahrt von Vilsbiburg verzeichnet monatlich ihre Verstorbenen auf den Internetseiten der Pfarrgemeinde – mit einem Bild, dem Geburts- und Sterbedatum und dem Zeitpunkt der Aussegnung/Beerdigung. Wo kein Bild des Verstorbenen steht – und das ist die absolute Ausnahme! –, wird stattdessen ein Symbol eingefügt (siehe www.pfarrei–vilsbiburg.de).

2.
Eine Internetseite einer Kirchengemeinde/eines Krankenhauses oder Altenheimes sollte auf die Riten auch zwischen Tod und Begräbnis hinweisen. Dazu gehören beispielsweise:
- ➛ Erklärung: Was ist Aussegnung?
- ➛ Erklärung: Glockenläuten, wenn es Sterbeglocken gibt.
- ➛ Die Erreichbarkeit des Pfarrers/der Pfarrerin (Zeit, Telefon) benennen.
- ➛ Ein Modell, die Segensfeier allein zu gestalten, oder ein Hinweis aufs Gesangbuch könnten ebf. hilfreich sein.

Wir haben einige Textbausteine zusammengestellt, die Ihnen das Einrichten solcher Seiten vielleicht erleichtern könnten:

Ein Beispiel aus dem Netz: Die evang.-Luth. Kirchengemeinde im Obergericht im südlichsten Zipfel Niedersachsens und teilweise in Nordhessen informiert über

Das Geläut

Das Geläut ist der hörbare Abschied der ganzen Kirchengemeinde von ihrem Gemeindeglied. Trauer und Hoffnung kommen durch das Geläut

zum Ausdruck. »Die Lebenden rufe ich, die Toten geleite ich«, lautet die Inschrift auf der Totenglocke in Benterode. Jedes Dorf hat seine eigene Läuteordnung. In Uschlag, Benterode, Nienhagen, Escherode, Dahlheim und Nieste läutet zur Überführung vom Sterbehaus in die Friedhofskapelle meistens die tiefe Totenglocke. In den anderen Dörfern wird am Sterbetag oder am darauf folgenden Tag »ausgeläutet«: In Lutterberg läutet die Totenglocke abends um 20 Uhr und in Speele um 12 Uhr oder um 18 Uhr, in Landwehrhagen um 17 Uhr. Am Tag der Trauerfeier rufen die Glocken in Spiekershausen um 8 Uhr und in Benterode, Escherode, Nienhagen und Nieste um 9 Uhr zum Gedenken. In Nieste gibt es dabei das »Schauerläuten«: Die tief klingende Glocke läutet zweimal drei Minuten, unterbrochen von zwei zweiminütigen Pausen, als dritter Schauer klingen beide Glocken drei Minuten lang. Der erste Schauer erinnert an das irdische, vergängliche Leben, der zweite Schauer erinnert an den Tod, der dritte Schauer ermuntert zur Hoffnung auf die Auferstehung von den Toten. Zur Trauerfeier läuten in allen jeweiligen Dörfern die Kirchenglocken zum Beginn und während des letzten Weges zum Grab.
Ekhard Brandes

Die Zeit zwi#schen Tod und Begräbnis

Wenn Sie einen Menschen verlieren, der zu Ihrem Leben dazugehört, dann sollen Sie wissen, dass wir als Ihre Pfarrgemeinde Sie nicht allein lassen.

Ihr Verstorbener darf einige Stunden zu Hause bleiben, ehe der Bestatter ihn oder sie abholt. Das kann für Sie eine Zeit sein, in der Sie in Ruhe Abschied nehmen. Das Unfassbare wird durch das Ansehen und Fühlen Teil der Realität. Freunde und Angehörige haben bei Ihnen zu Hause einen intimeren Ort des Abschiednehmens.

Unsere Pfarrgemeinde begleitet Sie in der Zeit zwischen Tod und Begräbnis.

- *Wir läuten, wenn Sie uns anrufen, die Totenglocke. Mit ihr rufen wir Ihren Schmerz über den Verlust in unsere Gemeinde aus und laden Menschen ein, an Ihrem Schicksal betend Anteil zu nehmen.*

- *Wir kommen ans Bett Ihres Verstorbenen und sprechen mit Ihnen und für Sie ein Gebet des Abschieds.*

Sie erreichen uns:

Namen ______________________

Telefon ______________________

Zeitangaben ______________________

In den Gemeinden könnten typische regionale oder konfessionelle Bräuche ergänzend vorgestellt werden:

- *Wir beten in den Tagen bis zur Beerdigung den Sterberosenkranz in der Pfarrkirche.* (Geschieht das immer? Oder nur auf ausdrücklichen Wunsch der Angehörigen? Wer organisiert das? Kann man auf die Gestaltung Einfluss nehmen – auch wenn man sonst kein so engagierter Kirchenbesucher war? Können Angehörige das erbitten, auch wenn sie und nicht der Verstorbene zur Pfarrgemeinde gehörte?)
- *Wir halten mit Ihnen die Totenwache bei Ihnen zu Hause. Das bedeutet, wir beten mit Ihnen gemeinsam am Bett Ihres lieben Verstorbenen.*

Bei allem, was man ins Netz setzt – oder in eine pfarrliche Informationsschrift –, muss man sich immer klar machen, für wen genau man eine Information bereithält. Jemand Kirchenfremdes wird vielleicht ein Wort wie »Totenwache« gar nicht kennen. Dann muss man den Sachverhalt zusätzlich umschreiben. Vielleicht muss man sogar für die Menschen, die ganz vertraut mit den liturgischen Möglichkeiten und mit der Binnensprache sind (den »Insidern«), andere Informationen bereithalten als für solche, die eher zufällig darauf stoßen könnten oder solche, die durch die konkret eingetretene Situation nach Informationen suchen.

Angaben zur Beerdigung, zu Totenzetteln (das sind kleine Zettel, auf denen oft ein Foto des Toten und seine Lebensdaten, manchmal etwas zur Biographie, ein Text – aus der Bibel, weltlicher Literatur, Gebetstext, etwas zu den Trauernden steht), zu Todesanzeigen, zu religiösen Gedenktagen sollten ebenfalls auf keinen Fall fehlen!

Eine Liturgie zur Aussegnung könnten Sie nach den im Buch gemachten Anmerkungen für Ihren Internetauftritt zusammenstellen und Menschen einladen, so ihren Verstorbenen zu verabschieden.

3.
Weitere Beispiele für Internetpräsentationen:

Aussegnung

»Wir haben Abschied genommen.« Hinter diesem Satz verbirgt sich ein Datum, das noch vor der Beerdigung liegt. Der engste Kreis der Angehörigen versammelt sich am offenen Sarg. Wenn ein Mensch im Krankenhaus stirbt und die Angehörigen in der Stunde des Todes nicht anwesend sein konnten, haben viele den Wunsch, den toten Menschen noch einmal zu sehen, sich mit den Augen davon zu überzeugen, was das Herz noch nicht begreifen kann, dass Krankheit und Leid zu Ende sind. Dass in den Zügen des Todes das entspannte Gesicht des Toten vom Frieden spricht. Den Toten noch einmal ganz anders nahe sein. Sie noch einmal ganz anders in die Mitte nehmen.
Abschied nehmen und Aussegnung.

Menschen, die zu Hause gestorben sind, wird Gottes bleibender Segen zugesprochen, bevor der Verstorbene aus der Wohnung abgeholt wird. Gott möge ihm jetzt zur Seite stehen, wie Menschen es nicht mehr können. Mit den Angehörigen spreche ich ein Gebet um Gottes Schutz und Hilfe, wenn wir lernen müssen loszulassen und wenn wir lernen müssen zu bleiben.
Bestattungsunternehmen bieten diese Begegnung in ihren Räumen an. Auch in den Krankenhäusern wird den Angehörigen zunehmend das Abschiednehmen ermöglicht. Da die meisten Menschen nicht mehr zu Hause sterben, ist das Angebot der Aussegnung durch einen Pastor oder eine Pastorin vielen nicht mehr bekannt. Im Umgang mit Trauer kann die Aussegnung der Verstorbenen, ob zu Hause, im Krankenhaus oder bei den Bestattern, eine Entlastung und Hilfe sein: Damit wir einen Menschen nicht nur hergeben, sondern zugleich Gott anvertrauen, bietet Ihnen die Kirche seelsorgerliche Begleitung an.

Bitte wenden Sie sich an Ihre Kirchengemeinde oder die Seelsorge im Krankenhaus beziehungsweise im Landeskrankenhaus.

Susanne Ackermann
in: Krankheit – Sterben – Tod. Hilfen für Betroffene und Angehörige. Herausgegeben von Christoph Wiesenfeldt, evangelisch-lutherischer Kirchenkreis Lüneburg, 2001.

Wann sollte ich den Pfarrer holen?

In der kirchlichen Tradition wird mit dem/der Betroffenen und den Angehörigen noch vor dem Ableben eine kurze Andacht und das letzte Abendmahl gefeiert.
In, mit und unter den Elementen von Brot und Wein ist Christus gegenwärtig. Das Abendmahl erinnert an den Tod und die Auferstehung Jesu Christi. Mit unserer Taufe sind wir in seinen Tod und somit auch in seine Auferstehung hineingetauft. Christus sagt uns das ewige Leben zu. Das Abendmahl ist das Zeichen der Hoffnung, der Gemeinschaft und der Vergebung!
Ist die Feier des Heiligen Abendmahles nicht mehr möglich, erleichtert die Andacht durch Gebet und Lesung das Abschiednehmen.
Kommt der Tod überraschend und unangemeldet, so empfiehlt es sich, den Pfarrer zum gemeinsamen Abschiednehmen zu rufen. Er hilft Ihnen, mit der Situation besser umzugehen, und berät Sie über die folgenden Schritte. Für die Verabschiedung (Andacht/Feier des Heiligen Abendmahles) können Sie Ihren Pfarrer bei Tag und Nacht anfordern. Hier steht Ihnen auch die Funknummer zur Verfügung: (…)

Was ist eine Aussegnung? Wann wird der Leichnam abgeholt?

Die Aussegnung geschieht durch den Pfarrer, bevor der/die Verstorbene das Haus verlässt. Für den eigenen Trauerprozess empfiehlt sich ein ruhiges und überlegtes Abschiednehmen. Sie haben in der Regel bis zu 24 Stunden Zeit, um sich vom Verstorbenen würdig zu verabschieden. Sie sollten sich hierzu Zeit nehmen, denn diese Verabschiedung lässt sich nicht wiederholen. Sie sollten sich gegebenenfalls weder vom Bestattungsinstitut noch von anderen Angehörigen oder Freunden hierbei drängen lassen! Für die Aussegnung können Sie Ihren Pfarrer bei Tag

und Nacht anfordern. Hier steht Ihnen auch die Funknummer zur Verfügung: (…)
Internet: http://www.kirche–magdala.de/bestattung.html.

Abschiedsworte

Sind Sie im Kreis von Angehörigen oder Freunden beisammen,
können Sie in eine Zeit der Stille folgende Gedanken laut werden lassen:
Wir wollen Abschied nehmen von (Name) und bedenken,
was uns mit ihr/ihm verbindet.
Wer sie/ihn lieb gehabt und geachtet hat,
der trage diese Liebe und Achtung weiter.
Wen sie/er lieb gehabt hat, der danke ihr/ihm alle Liebe.
Wer ihr/ihm etwas schuldig geblieben ist an solcher Liebe,
in Worten und Taten, der bitte Gott um Vergebung.
Und wem sie/er wehgetan haben sollte,
der verzeihe ihr/ihm, wie Gott uns vergibt, wenn wir ihn darum bitten.
So nehmen wir Abschied mit Dank für alles Gewesene und im Frieden.

Aussegnung

Wenn der/die Verstorbene abgeholt wird, ist das ein schmerzlicher Schritt auf dem Weg des Abschiednehmens. Ihre Pfarrer sind gerne bereit, Sie und den/die Verstorbene/n mit einer Aussegnung zu begleiten. Wichtig ist dann, vor der Abholung telefonisch einen Termin für die Aussegnung festzulegen.
Es ist natürlich auch möglich, dass Angehörige selbst eine Aussegnung halten.
Eine Ordnung dazu finden Sie im Evangelischen Gesangbuch unter Nummer 835 oder im Internet:
http://www.evangeliumskirche.de/seiten/Bestattung_Sterbebegleitung.htm

Bei Sterbefällen

Sollten Sie einen Angehörigen haben, der schwer krank ist oder im Sterben liegt, dürfen Sie sich gern an uns wenden. **Es ist uns ein Anliegen,** unsere Gemeindeglieder in dieser schweren Lebensphase nicht allein zu lassen, sondern sie auch seitens der Gemeinde **zu begleiten und mit ihnen zu beten.**

Oft fällt es dabei den Betroffenen schwer loszulassen. Denn Abschied nehmen müssen tut weh. Aber wir dürfen im Glauben von der Gewissheit leben, dass unser Herr uns nicht loslässt und uns selbst da begegnet und hält, wo es für uns keine Begegnung und kein Halten mehr gibt. Möge Ihnen da weiterhelfen, was Paulus schreibt (Römer 8, 38-39): *»Denn ich bin gewiss, dass weder Tod noch Leben, weder Engel noch Mächte noch Gewalten, weder Gegenwärtiges noch Zukünftiges noch eine andere Kreatur uns scheiden kann von der Liebe Gottes, die in Christus Jesus ist, unserem Herrn.«*

Ist jemand verstorben, so wenden Sie sich bitte zunächst an das **Bestattungsunternehmen.** Es ist von der politischen Gemeinde mit der Betreuung der Friedhöfe beauftragt und legt den Bestattungstermin fest. Das Bestattungsunternehmen wird sich dann mit dem Pfarramt in Verbindung setzen.

Wir bieten Ihnen zum Abschiednehmen eine **Aussegnung** an, sei es im Haus des Verstorbenen, im Altenheim oder im Krankenhaus.

Wenn der Bestattungstermin feststeht, bitten wir Sie, sich zu einem **Vorbereitungsgespräch** für den Gottesdienst mit dem Pfarramt (Tel.: …) in Verbindung zu setzen. Über Folgendes könnten Sie sich zu Hause schon einmal Gedanken machen: Lebenslauf des/der Verstorbenen sowie Bibelwort und Lieder zum Gottesdienst.

Näheres dazu finden Sie auch in unserem Evangelischen Gesangbuch, Ausgabe für die Evangelisch-Lutherischen Kirchen in Bayern und Thüringen (ab S. 1427).

Es ist bei uns üblich, dass ein Sterbefall im nächsten Sonntagsgottesdienst abgekündigt und für die/den Verstorbene/n gebetet wird. **An der Auferstehungsfeier** an Ostern um 07:00 Uhr auf dem Friedhof Küps sowie **am Ewigkeitssonntag** (letzter Sonntag im Kirchenjahr) in unserer St. Jakobikirche **wird der Verstorbenen des zurückliegenden Jahres gedacht.** Dazu erhalten die nächsten Angehörigen eine gesonderte Einladung.

Internet: http://www.kueps–evangelisch.de/Taufe_Trauung_Sterben.htm.

Dokumentation einer Aussegnung in der Notfallseelsorge

Immer wieder stellte sich bei uns das Problem, dass wir keine geeignete Bescheinigung hatten, um eine stattgefundene Aussegnung bei Unfallopfern zu dokumentieren und so den Angehörigen mitzuteilen.
Jetzt habe ich die folgende Lösung erarbeitet:

1)
Ich habe Postkarten mit dem aaronitischen Segen gekauft (z. B. Kawohl-Verlag, Karte Nr. 2192).

2) Da ich nicht direkt auf die Postkarte drucken konnte, habe ich wasserfeste (d. h.: kopierte) Aufkleber in Postkartengröße produziert, die ich auf die Rückseite der Karten geklebt habe:

Aussegnung
der verstorbenen Person

am

um

Pfarrer H. v. Wietersheim
Notfallseelsorge Bayern
Pfarrgasse 2
97355 Wiesenbronn

In den Platz zwischen »Person« und »am« ist genügend Platz, so dass ich dort den Namen der Person eintragen kann, falls er mir bekannt ist. Des Weiteren trage ich Datum und Uhrzeit ein und ich unterschreibe das Ganze, so dass es einen offiziellen Charakter hat.

Durch diese Karte möchte ich sicherstellen, dass den Angehörigen mitgeteilt wird, wenn ein/e Verstorbene/r ausgesegnet wurde und dass sie mit mir Kontakt aufnehmen können, wenn sie es möchten.
Kopiervorlage als .pdf–download

Hanjo v. Wietersheim
http://www.notfallseelsorge.de/aussegnung.htm

Faltblatt der Hospizbewegung Münster

hospizbewegung
Münster e.V.

Sonnenstr. 80 · 48143 Münster
Tel. 0251-519874, Fax 0251-4828246
Sprechzeiten Mo, Mi, Fr 10-12.30 Uhr

Wenn Sie in Ruhe von Ihrem Angehörigen Abschied nehmen wollen

Die Hospizbewegung will die letzte Lebensphase, Sterben, Tod und Trauer wieder zu einem Bestandteil des Lebens werden lassen.

Eigene Bedürfnisse

Vielleicht stirbt Ihr Angehöriger oder Freund nach langer Krankheit und Sie haben Zeit, sich darauf einzustellen. Vielleicht verlieren Sie ihn aber auch durch einen plötzlichen Tod. – Sie sollten in beiden Situationen für die Übergangszeit zwischen Beerdigung und Tod auch Ihre eigenen Bedürfnisse beachten. Es wird Ihnen helfen, das Unbegreifliche zu fassen und damit weiterleben zu lernen.

Sie haben Zeit

Wenn Ihr Angehöriger zu Hause stirbt – vor allem wenn der Tod vorhersehbar war –, müssen Sie insbesondere nachts nicht sofort den Arzt rufen und auch nicht einen Bestatter. Das hat Zeit bis zum nächsten Morgen. Es ist nicht gefährlich, wenn der Gestorbene weiter in Frieden in seinem Bett liegen bleibt; weder ihm selbst noch Ihnen kann etwas passieren. Sie sollten darauf achten, dass er auf dem Rücken liegt, dass die Augen geschlossen sind und das Kinn (z. B. durch ein zusammengerolltes Handtuch) gestützt wird. Sie können zu Ihrem Angehörigen noch sprechen, ihm vielleicht noch etwas sagen, zu dem Sie vorher keine Gelegenheit hatten. Das wird vor allem Ihnen selbst gut tun.

Hausaufbahrung

Auch wenn Ihr Angehöriger im Krankenhaus oder Heim gestorben ist, können Sie veranlassen, dass der Gestorbene zu Ihnen nach Hause gebracht wird, damit Sie in Ruhe Abschied nehmen können (es gibt nur wenige Ausnahmen, bei denen das nicht möglich ist). Falls Sie sich allein davor scheuen, bitten Sie uns oder den Bestatter um Unterstützung. Manche Bestatter haben auch eigene Aufbahrungsräume – falls Ihre Wohnung zu klein ist.
Menschen, die auf diese Weise von ihrem Toten Abschied genommen haben, »verschmerzen« ihre Trauerzeit oft besser.

Mitgestaltung

Sie können dem Bestatter helfen, wenn er Ihren Angehörigen wäscht und für den Sarg ankleidet – oder es auch ganz selbst tun. Es gibt keine speziellen Kleidungsvorschriften: Sie können auch aus der Alltags- oder Festkleidung Ihres Angehörigen wählen – wie er es sich gewünscht hätte oder wie Sie ihn am liebsten sehen.
Auch bei der Gestaltung der Beerdigung und Abschiedsfeier haben Sie Freiräume: Sie können selbst Persönliches über Ihren Verstorbenen beitragen oder Freunde darum bitten.
Sprechen Sie mit Ihrem Pastor, Bestatter oder uns.

Quellen und Literatur

Bei den namentlich gekennzeichneten Texten liegen die Rechte bei den Autorinnen und Autoren. Ergänzungen zum Segen über einen Schwerstkranken, über einen Sterbenden oder bereits Verstorbenen von Ida Lamp.

Agende für Ev.-Luth. Kirchen und Gemeinden, Bd. III, Teil 5: Die Bestattung. Hannover 1996.

ALPHA (Hg.), Den letzten Weg gemeinsam gehen. Sterben, Tod und Trauer in Wohneinrichtungen für Menschen mit geistigen Behinderungen, Alpha-Westfalen 2002.

ALPHA (Hg.), Werd ich ein Stern am Himmel sein, Alpha-Westfalen 2004.

Bernd-Peter *Bertram*, Abschiednehmen. Ratgeber Hausaufbahrung, Buchverlag Andrea Schmitz, Overath 1996.

Lis *Bickel*, Daniela *Tausch-Flammer (Hg.)*, In meinem Herzen die Trauer, Herder-Verlag Freiburg, Basel, Wien 1998.

Geertje-Froken *Bolle*, in: Gudrun Mawick (Hg.), In allen Gesichtern suche ich dich. Gebete für Hausbesuche, Gütersloher Verlagshaus, Gütersloh 2000 (S. 102).

Sylvia *Brathuhn*, Christoph *Drolshagen* u.a., Manchmal wird ein Wort zum Zeichen, Gütersloher Verlagshaus, Gütersloh 2005.

Broschüre des Kirchenvorstandes der Evangl. Kirchengemeinde St. Peter zu Diez, »Der Weg des Abschieds und der Trauer« (http://www.dekanat–diez.de/html/body_beerdigung.html.).

Bundesvereinigung Lebenshilfe für Menschen mit geistiger Behinderung (Hg.), Bäume wachsen in den Himmel. Lebenshilfe-Verlag Marburg 2003.

Joseph *von Eichendorff*, Textauszüge aus »Das Marmorbild«, in: Die großen Klassiker. Literatur der Welt. In Bildern, Texten, Daten. Band 13, Andreas & Andreas Verlagsbuchhandel Salzburg 1982.

Arnold *van Gennep*, Übergangsriten. Rites des passages, Campus Verlag, Frankfurt am Main 2005.

Gabriele *Glanzmann*, Eva *Bergsträßer*, Begleiten von sterbenden Kindern und Jugendlichen. Ein Ratgeber für Familien und Helfende, Anja-Verlag, Schaffhausen 2001.

Hans-Martin *Gutmann*, Mit den Toten leben – eine evangelische Perspektive, Gütersloher Verlagshaus, Gütersloh 2002.

Interdisziplinärer Arbeitskreis Thanatologie, Beiträge zur Thanatologie, Heft 3, 1997, Häusliche Aufbahrung des Toten – eine vergessene Tradition? Erarbeitet von Dr. med. Martin Weber; Prof. Dr. Randolph Ochsmann; Prof. Dr. med. Christoph Huber.

Hanne *Köhler* & Arbeitsgruppe Gottesdienst (Hg.), Trauerfeier – Beerdigung, Heft 67 der Materialhefte der Beratungsstelle für Gestaltung von Gottesdiensten und anderen Gemeindeveranstaltungen, Frankfurt 1993.

Kerstin *Lammer*, Den Tod begreifen. Neue Wege in der Trauerbegleitung, Neukirchen-Vluyn 2003.

Charlene *Luchterhand*, Wenn Menschen mit geistiger Behinderung trauern, Beltz, München 2001.

Gottfried *Lutz*, Barbara *Künzer-Riebel* (Hg.), Nur ein Hauch von Leben. Eltern berichten vom Tod ihres Babys und von der Zeit ihrer Trauer. Mit Beiträgen von Verena Kast, Gottfried Lutz, Karl-Heinz Wehkamp, Elterninitiative »Regenbogen«, Lahr 1998.

M. *Löble*, W. *Metzger*, U. *Hohloch*, A. *Naumann*, D. *Felbel*, Tod und Sterben in der Vorstellung Kinder und Jugendlicher, Handreichungen für die Krisenintervention, http://www.notfallseelsorge.de/tod.htm.

Michaela *Nijs*, Trauern hat seine Zeit. Abschiedsrituale beim frühen Tod eines Kindes, (Reihe Psychosoziale Medizin, Bd. 7), Göttingen 1999.

Mitten im Tod das Leben. Entwürfe zur Feier der Aussegnung in diakonischen Einrichtungen. Hrsg. vom *Diakonischen Werk der EKD*, Stafflerbergstraße 76, 7018 Stuttgart, Oktober 2004.

Felizitas *Muntanjohl*, Ich will euch tragen bis zum Alter hin. Gottesdienste, Rituale und Besuche in Pflegeheimen, Gütersloher Verlagshaus, Gütersloh 2005.

Monika *Perret*, »Nimm Abschied und gesunde« (Hermann Hesse) – Die Entstehung eines neu gestalteten Abschiedsraumes im Augsburger Klinikum, in: Ruthmarijke E. W. Smeding, M. Heitkönig-Wilp (Hg.), Trauer erschließen. Eine Tafel der Gezeiten, Wuppertal 2005, S. 168-172.

Sekretariat der Deutschen Bischofskonferenz (Hg.), Wenn der Tod am Anfang steht. Eltern trauern um ihr totes neugeborenes Kind – Hinweise zur Begleitung, Seelsorge und Beratung. Neufassung der Arbeitshilfen 109 (1993), Bonn 2005.

F. *Sitzmann*, Aufbahrung und Abschiednehmen. Aufgabe der Pflegenden gegenüber dem Verstorbenen. Die Schwester/Der Pfleger 1997, 36:157-162.

Angelus *Silesius*, aus: Deutsche Dichtung des Barock, Hanser, München 1957.

Arthur *Schopenhauer*, Parerga und Paralipomena, Diogenes Verlag, Zürich 1977.

Erhard *Weiher*, Die Religion, die Trauer und der Trost. Seelsorge an den Grenzen des Lebens, Mainz 1999 (Zitat: S. 158f).